大名の暮らしと食

江後迪子

はじめに——大名島津家と食の記録——

1　はじめに

島津氏は、南北朝時代の守護、そして天文四年（一五三四）鹿児島に入ってからは戦国大名としてしだいに九州に影響力をもつようになった。天正五年（一五七七）、薩摩半島、大隅半島、日向国の三ヵ国を掌握し、さらにその後、肥後国や豊後国へも攻め入って、島津氏の九州制覇が成立した。

しかし、その後秀吉の進軍によって退却させられ、降伏ののちの領地は薩摩・大隅・日向の三国となった。島津義久の時代のことである。

その後、義久の弟義弘の時代の慶長五年（一六〇〇）、関ヶ原の役に反徳川家康の西軍に属したため、一時は島津攻めの準備もなされたが、その後の謝罪によって領地はそのままとなった。そして、義弘の子忠恒が家康の許しを得、偏諱として家康から「家」の一字をあたえられ、名を家久と改め、外様大名として列に加わることができた。

外様ではあったが、六〇万石余の大大名でもあり、琉球を窓口として中世から行っていた明との貿易を円滑に行うためにも、島津氏は一目おかれていた。天保八年刊の『諸国繁盛寄数望』という全国の大名家を相撲に見立てた番付をみると、当時最高位だった東の大関は加賀藩前田家、西のそれは薩摩藩島津家となっており、島津家はまさに西国の雄であった。

筆者が島津家の食についての記録を初めてみたのは、十数年も前のことである。江戸時代の菓子のことを調べていたとき、「かるかん」のルーツを求めて鹿児島の古い資料を探していたところ、島津家ゆかりの尚古集成館にたどり着いた。さらに島津家の古記録は、尚古集成館と東京大学史料編纂所にもあることがわかり、それから数年かけて食に関する文書をみることになった。

まずは、尚古集成館にある「かるかん」の記録のある『御献立留』をみた。ところが、この資料は江戸初期の島津家の包丁人が記したもので、「かるかん」もさることながら、殿様たちの鹿児島での献立が一三三例もあって、殿様たちの食生活が手にとるようにわかるものだった。そのほかにも、規式や儀礼のときや、藩主の初入国などについての記録が数多くあった。年代的には江戸初期から幕末の斉彬の頃までである。

また、東京大学史料編纂所には、宝暦から明和にかけての江戸屋敷の中奥日記があり、藩主の江戸での暮らしぶりがわかるものだった。

これら島津家の食に関する記録は、十八代家久の子光久の頃にはじまり、二十八代斉彬までの約一八〇年に及ぶ。この莫大な資料から、島津家の歴代藩主たちの食生活がどのようなものであったか、また時代とともにどのように変っていったかなどをみてみたいと思う。

目　次

大名の暮らしと食

第一章　寛永七年将軍家光の御成と饗応の膳

御成（おなり）とは、宮家・摂家・将軍などが家臣の家を訪ねることである。島津家へ御成が行われたのは寛永七年のことだった。迎えたのは十八代家久、このとき五十五歳だった。

関ヶ原の役（一六〇〇年）以降、家康の許しを得て外様大名として列に加わることになった島津家だったが、必ずしも幕府から信頼されていたわけではなかった。それは、大坂の陣（一六一四～一五年）の際、徳川へ援軍を出すのが遅れ、豊臣方の味方ではないかなどとの噂も広まったりしたためである。そこで、幕府に対しては恭順の姿勢をみせる必要にせまられていた。このような時期、大御所秀忠と三代将軍家光を江戸桜田邸に迎えたと思われる。

御成が公式の行事として盛んに行われるようになったのは室町時代以降のことで、もっとも盛んだったのは一四〇〇年代から一五〇〇年代にかけてである。例えば四代足利義持が武家へ御成になった回数は、三五回にものぼるという。江戸時代になってからは、御成の回数は少なくなったとはいえ、元和九年（一六二三）から寛永七年（一六三〇）までの八年の間に、将軍家光と大御所秀忠の御成が集中的に行われた。

その回数は計三一回、年平均約四回となる。そして、その内容も大きく変わり、室町時代のようにきびしい作法はなくなった一方で、贅沢な建物をつくって迎えるというようになってきた。

なぜ、このように御成があったのだろうか。

三代将軍家光は武家諸法度を改正して、参勤交代の制度を確立したり、日光東照宮を建立した人である。大名たちの経済力をそぎ、必要以上に力をつけないような方策がとられていた。御成もそのひとつだったように思える。

では、島津家への御成がどのように行われたのかをみよう。

土田美緒子氏の『御数寄御成之記』によれば、江戸桜田邸の御成門は檜皮葺で、柱や梁、破風は青貝と金でから菱を置き、扉には金で二十四孝や牡丹唐草、その他脇塀や小壁までさまざまな彫り物があったという。そして、御成のために新築された建物は、主殿（広間・会所）九七・五坪、寝殿（御成書院）九九坪、数寄屋（茶室）、たうこの間、鎖の間、能舞台、楽屋、家老たちの控え座敷、料理所など、計七〇〇坪は下らないという。さらに、天井や壁は狩野休伯、内膳といった幕府の御用絵師の手になったものだった。

このような、莫大な出費を要する御成は、どこの大名にとっても大きな負担であることは明らかで、島津家へ御成が行われた寛永七年以後はしだいに行われなくなった。

さて、島津家への御成がどのように行われたかについて、以下土田美緒子氏の報文から概略を引用させていただく。

室町時代と江戸時代の御成には大きな違いがあった。室町時代には寝殿すなわち書院へ御成になったのに対し、江戸時代には茶室へ御成になり、茶事が行われるようになったという。これが、その後の茶の湯の普及に大きな影響を及ぼした。さらに、島津家への御成には故実に通じた家老伊勢貞昌を中心に、室町時代に行われていた昔どおりに行いたいと考えていたようだ。旧来の故実とは、寝殿の床に弓・矢・鎧・兜を飾り、また置鳥・置鯉・瓶子の飾りをした。この飾りが珍しかったらしく、招かれた徳川方の記録『徳川實記』に「書院の床には。重藤の弓の弦をはずし。内竹を前に向け。金銀の箙（矢を入れる道具）に征矢廿五筋立。白糸威の鎧。惣金のたて物の兜を畳の上に置。是はその家の老伊勢兵部貞昌といへるが。故實をたゝし設置しとぞ」と書かれている。この故実を行うために、大草流という規式を伝える宗家へ楢木市右衛門を稽古に行かせたという記録もあるようだ。

このように、準備万全をととのえたところで、寛永七年四月十八日および四月廿一日の両日、三代将軍家光と隠居していた大御所秀忠（相国様）が江戸桜田邸へ御成になった。なにしろ、島津家としては初めて将軍様をお迎えするという一大イベントである。このとき、島津家の初代包丁人石原佐渡守によって書かれた記録が『御数寄御成の記』である。御成は、名誉なこととはいえ、藩をあげての一大事だった。

室町時代に行われた御成の様式は、初献から三献まで盃のやりとりをし、さらに廿献ぐらいまでが出されるというスタイルが多かったのだが、島津家の御成の献立はどうだったのだろうか。

四月十八日は将軍家光の御成で、御数寄屋御会席すなわち茶事をともなうものだった。そして、料理の合間には能が行われたり、琉球の楽童たちによる演奏があった。これは、薩摩藩らしいもてなしのひとつで、家光も大変喜んだという。相国様（秀忠）のときも、御数寄屋御会席だったが、内容は少し異なっていた。将軍家光を迎えたときの献立を紹介しよう。

御数寄屋御会席

酒ひて　鯛　御汁　鶴
　　より鰹　ごぼう
　　きんかん　漬松茸
濃醤　ひばり
二の御膳
焼鳥　けり
　　塩山椒　御汁　小菜
かまぼこ
香のもの
御引もの

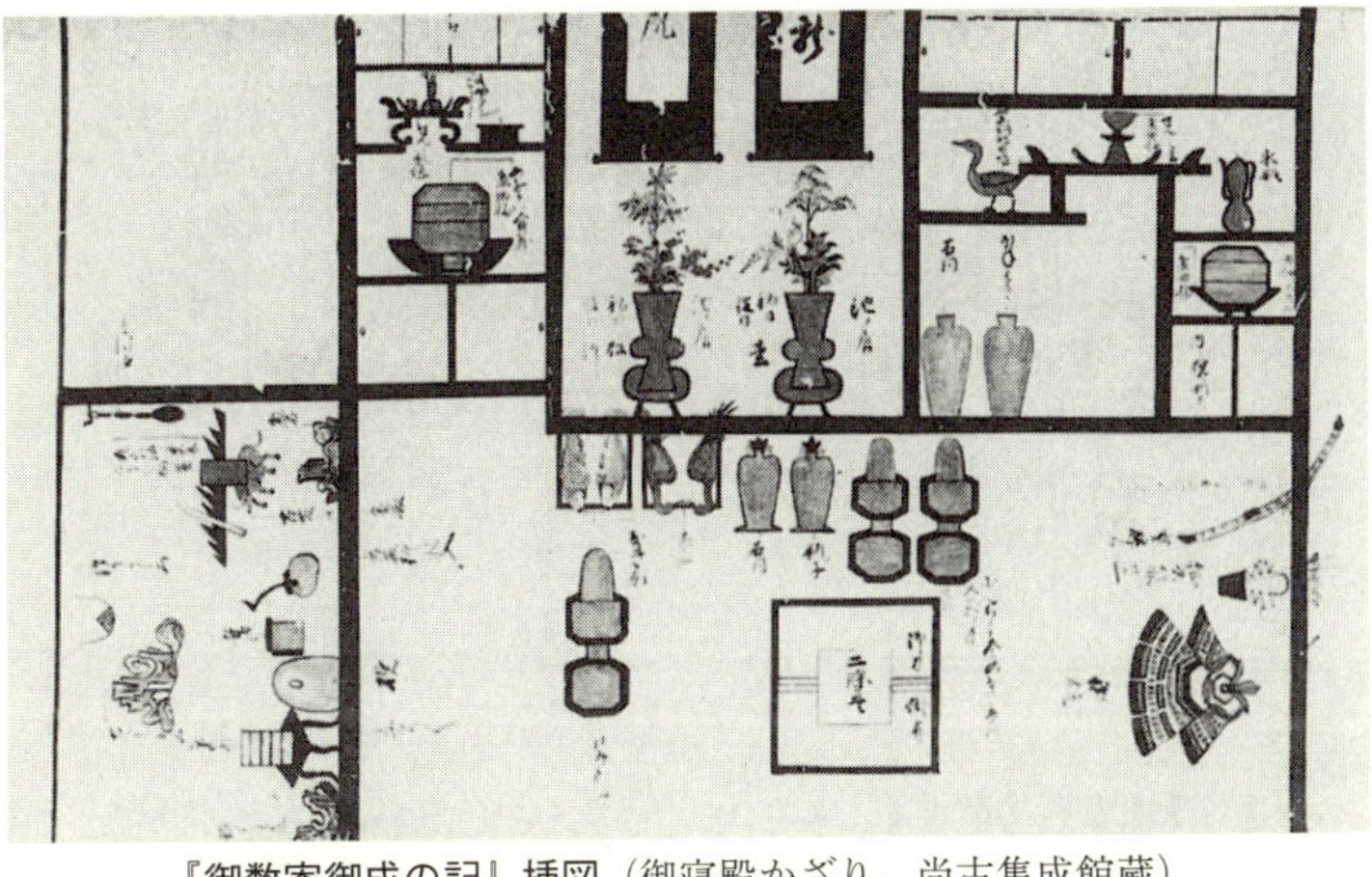

『御数寄御成の記』挿図（御寝殿かざり。尚古集成館蔵）

やき鮎
御吸物
一 鯛の子 一 いか 一 うけいり
一 せうかんのひほ
御さかな
一 興津鯛 一 焼貝 一 からすみ
御菓子
一 よりみつ 枝柿 色付いも 御楊子
一の汁は、やはり鶴だった。つづいて出された七五三の膳は次のようなものだった。
初献 亀ノ甲 鳥 御雑煮 御箸
右同 五種 御手塩
二献 塩引 鷹之羽煎
干鱈
三献 からすみ 真羽煎
巻するめ

七五三御膳符《ママ》
御本膳
塩引　たこ　蒲鉾　御箸
あえまぜ　御湯漬
香物　酒ひて　この桶　御手塩　二ノ御膳
唐墨　くらげ　御汁あつめ
貝盛
巻するめ　干鱈　御汁白鳥
三ノ御膳
羽盛　御汁鯉
さざえ
舟盛　御汁雲煎
御菓子
一　氷餅　一　蜜柑　一　枝柿
御ようじ
包丁人　天野図書頭殿

御数寄会席の一の汁にも、鶴が使われた。また、式正料理である式三献につづいて、七五三の膳、さらに引替膳三汁九菜が出された。七五三の膳とは、最初の本膳に七品の料理、二の本膳に五品、三の本膳に三品が出される様式をいう。七五三の膳は最高のもてなしだった。これ以外に、家老たちへは五々三と盛替膳、その一の汁は鶴、そして鹿児島の郷土料理しゅんかん（笋羹、筍羹）や当時まだ珍しいかすてらも出された。

家光の御成につづいて、三日後の四月廿一日、相国様の御成が行われた。このときの献立の様式や内容は、家光の場合とほぼ同じだったが、菓子にういろう餅が使われているのが珍しい。

では、御成が盛んだった中世と、江戸時代になってからの島津家の場合を比較してみよう。

永正十五年（一五一八）三月十七日、将軍足利義稙（一四六五〜一五二三年）が畠山式部順光邸へ御成になったときは、式三献の次に湯漬、この初献には、めでたいときに出される雑煮があった。つづいて汁のつく五の膳まで出たあと四献から二十献までが出された。このように、式三献で酒が出され、これにつづいて饗の膳として五の膳までが出される様式は、足利末期に行われるようになったもので、島津家の場合のように会席膳につづいて式三献、そして七五三の膳という様式は、江戸時代に本膳料理が形づくられる以前の中間的なものといえ、島津家の家老伊勢貞昌を中心に、室町時代に行われていた御成のように行いたいと考えていた意図が料理にもあらわされている。

次に、将軍家からの下賜品は、太刀、脇差、袷、小袖、銀子など、これに対して島津家から将軍への献上品は太刀、脇差、鎧、甲、弓、鞍、鐙、馬、袷、小袖、紅糸、生糸、黄金と豪華そのものだった。

このように、盛大に行われた御成だったが、室町時代のしきたりを知る人もほとんどなく、「諸事　御成之御作法不如舊記也」と書かれているなど、百年も経つとわからない点も多いままに実施されたようだ。

島津家への御成が行われた寛永七年頃の将軍家は、幕府の創立期にあたり、初代家康が幕府の基礎をかためた後、二代秀忠は組織の整備充実につとめていた。三代家光は、幕藩体制を完成させた将軍である。秀忠は、在位一九年間（一六〇五～一六二三年）ののち、隠居して寛永九年（一六三二）に亡くなっている。このようにみると、島津家へ御成になった頃の徳川家は、秀忠が亡くなる二年前のことであり、一方の家光は将軍として油の乗りきった頃だった。

第二章　江戸前期の暮らしと食――十九代光久・二十代綱貴時代――

十九代光久の時代は、父家久の築いた鶴丸城および城下町の維持・拡充期である。城下町の人口は、寛文年間には薩摩国一八万人弱、大隅国一一万五〇〇〇人、日向諸郡六万人だった。その後、薩摩・大隅の人口が倍増するのは、寛政末期のこととなる。

薩摩藩は、寛永十五年（一六三八）、島原の乱に兵を出していた。その頃、父家久は病に倒れたのち、二月に亡くなった。家久六十三歳のことで、同年三月光久は家督を相続した。二十二歳だった。光久は七十九歳と長寿だったが、延宝元年（一六七三）十二月二十八日、五十八歳のとき、それまでの従四位下少将から、従四位上左近衛中将に任ぜられ、同時に嫡子綱貴が薩摩守に任官されている。父家久が従三位だったこともあって、父に近づくべく従四位上になりたかったはずである。そして、昇進にともなって名前が替わることがたびたびあって、そのつど祝うのが普通だった。『御献立留』には、その中将任官祝いならびにその祈願に対する南林寺へのお礼詣での記録がある。

光久の中将任官祝い

延宝元年（一六七三）三月十六日、光久の中将任官、そして名替えの祝儀が鹿児島城で行われた。祝宴は三汁七菜、五の膳までと引テ、肴、茶菓子だった。

さかひて　一塩鯛　御汁　塩かも
　　同あわび　ずいき
　　くらげ　榎たけ
　　よりふし　竹の子
　　わさび　とっくわ（うど）
煮あえ　いりこせん　香の物
　　かまぼこせん
　　くこ　御食
　　わさび
御二
玉子鯛　あらめ　御汁　すずき
　　山椒　青山椒
御三

さしみ　ふな子付　御汁　□□
　湯引鯛
　きす

三

さしみ　ひさ　御汁　とろろ
　きす　川のり
　さより　胡椒
　　みそ酢　たで酢
御よつめ
せわり小鯛
御五つめ
貝づくし　大はまぐり
　とこぶし
　さざい
　みるくい
　赤みな（にな）

御引て
一　すし　　　　　　御肴　かまぼこ
一　煮貝　あわび　　　　もうお
一　一日干天草いわし　　　小はまぐり御茶菓子
　くずもち　川たけ　小さざい

様式は本膳料理で、御成と比べるとやや簡略化されている。この献立の中に天草いわしがある。塩物だったろうが、祝宴のためはるばる天草からいわしが運ばれたらしい。

立願成就の時

光久の中将任官祝いの二日前の三月十四日、南林寺での立願成就御礼の宴が行われた。もちろん、精進料理だったが、五五三の様式を取り入れた格式高いものだった。五五三は料理を三方に高く盛り上げたスタイルだった。巻あらめ、六条豆腐、ごぼう、にんじん、こんにゃくなどが高盛にされた。

しかし、饗応の様式は、中世から江戸初期に用いられた高盛式から、膳が次々と出される本膳様式となり、さらに簡略な会席料理へと変化していった。南林寺でもしゅんかんが出されたが、もちろん精進で、使われた材料は漬竹の子、わらび、山芋、かんぴょうだった。

光久快気祝いの膳

延宝四年（一六七四）十二月九日、中将光久の快気祝いが行われ、諸士へ料理が振る舞われた。どんな病気だったかはわからないが、このとき光久五十九歳だった。献立は左のとおりである。

本

なます　鯛　御汁　かも
ぶりこ　いちょう大根
くりはし　とっくわ
わさび　松露
きんかん　榎茸
みそ大せん

煮あえ　くしこ　香物
玉子はんぺん
たいらぎ
せり　御食
割山椒

御二

杉焼　　鯛
　　　あわび
小鳥　　御汁　鯛
　　　くわい
　すし　鯛
　　　たで
あえ物　いか
　　　焼き大根
　御三
さしみ　ひらす　　御汁　鹿
　　　かき鯛　　ごぼう
　　　かんてん
　　　いり酒
　　　はしす
生かわ　煎かも
　引テ

一　焼鳥　きじ　　　一　御吸物　かき
　　　つぐみ　　　　　　　　のり
　　　鶉
　　　　塩山椒
一　いため猪
御肴　にし　　えい
　かう貝　からすみ
　しら貝　まて
　ふわふわ
御茶菓子　ふのやき
　　　山の芋
　　　水栗
後菓子　あまぼし　青粉餅
　　　みかん　芋の粉餅
　　　羊羹　椿餅
御吸物　ふな

後段　　すすりだんご

この献立の一の汁は鶴に次ぐ鴨だった。三の汁には鹿、引テにはいため猪がある。獣肉が二種類使われていることは珍しいが、光久の好みだったのだろうか。また、生かわという料理は生皮煎ともいい、主に鳥の皮を使い、せりや生姜のせん切りとともに炒め煮して味つけする。鳥肉も入れることがあり、汁の多い煮物といってよい。任官祝いのいりこ、快気祝のくしこは、いずれもなまこの乾物で、輸出品だったため高価で、大名家以外では用いられることは少なかった。後段のすすりだんごは、食事の後のデザートのような扱いで、別室で出されることが多かった。

修理大夫綱貴の初入国

初入国とは、家督相続後や新しく任官された後などに初めて帰国することをいう。

初入国については、寛文十年（一六七〇）修理大夫綱貴および寛政元年（一七八九）二十六代斉宣、さらに弘化四年（一八四七）二十七代斉興、幕末の嘉永四年（一八五一）二十八代斉彬などの記録がある。

二十代綱貴の場合は、藩主になる以前修理大夫の名を許されて初めての帰国の記録である。このとき綱貴はまだ二十歳の若さだった。家督相続後の貞享四年（一六八七）九月に行われた江戸での祝宴および帰国しての入国祝いの詳細はない。このとき綱貴三十七歳だった。

初入国の規式がどのように行われたかを、寛文十年の修理大夫綱貴の例でみよう。場所はおそらく城内と思われる。

　御本膳

酒ひて　一塩鯛　御汁　つみ入

　　　　一塩鮑　　　　大根

　　　　えび　　　　　生椎茸

　　　　よりふし　　　里芋

　　　　葉みかん　　　小なす

　小角　香物

煮あへ　くしこ

　　　　たいらぎ　御食

　　　　きんかん

　　　　岩茸

　御二

□焼　鯛　　御汁　すずき

　　　　いなのうす

　　　　かうかい

ねぎ
すし　鯛
あわび
いか
小桶あへ物　御汁　ふな
いか
みょうが
御三
貝焼　御汁　もつく
はしかみ
くり
なし物　かまぼこ
御与つめ
さしみ　ふな
かつお
かき鯛

からし酢
いり酒
御五つめ
小鯛一塩
御引テ
一 焼鮎　一 鱠 鯛
一 焼鳥 きじ　葉生姜
小な　青大豆
一 しゅんかん　一 にしめ麩
竹の子　一 かば焼
わらび　一 からすみ
とこぶし　一 水貝
かまぼこ
肴 かまぼこ　御吸物 ししめ
いか
榎たけ

御茶菓子　葛焼　水栗　山芋
御後菓子
　一　梨　一　柿　一　西瓜
　一　ふの焼　一　川砂糖　一　羊羹
　一　あへ餅
　　　此外色々
御後段
　すいせん

綱貴の初入国祝いの四汁九菜という献立は、数多い記録の中でも七五三や五五三に次ぐ格式高いもので、初入国がいかに盛大に行われたかを示している。この入国のとき、瀬之浦、船間島、向田、市来、□□、横井、伊集院、久見崎の各地をまわり、瀬之浦、船間島、向田、伊集院では三汁五菜、横井、久見崎では二汁三菜の料理が出された。江戸時代には、幕府の政策としてたびたび倹約令が出されているが、寛永十八年（一六四一）には御三家を除いて饗宴は二汁五菜までというお達しがあった。しかし、寛文十年、鹿児島で行われた綱貴の初入国祝いは、この規制をはるかに越えるものだった。

料理の内容をみると、寛文年間のみにある料理は煮あえ（くしこ、たいらぎ、きんかん、岩茸）、すし（鯛と鮑）、なし物（内容不詳）だった。これらは、初入国だけでなく江戸初期の他の献立にもよくみられる。煮あえとは、魚介や野菜、きのこなどを細かく切って、だしと調味料で煮て、煮立ての熱いところを出す料理である。夏には冷やして供することもあるが、この料理も寛政以降になると少ない。次にすしについては、後にふれることとするが、この当時のすしは米を使わず魚介類を発酵させたものだった。次になし物とは現在の塩辛のことである。古くは『日葡辞書』（一六〇三年）の頃に「なし物」とあったが、これも江戸初期にはあったものの、斉宣時代になるとみられない。そして、「なし物」と同じと思われるものが「うるか」として出てくる。

煮あえ、馴れずし、なし物などの料理は、『御献立留』という江戸初期の島津家の包丁人の記録にある一三三例の献立にも多くみられるので、江戸初期に多い料理だったが、寛政頃からは少なくなったといえそうだ。

後菓子にある川砂糖という菓子は琉球の菓子である。

領内の巡見

巡見とは、現在の視察のことだが、光儀ともいった。まず、寛文十一年（一六七一）二月、光久の東国筋巡見についてみよう。東国筋とは、平松、加治木、小村、帖作、通山、庄内、田尾などの各地だった。この年の献立は、小村と田尾をのぞいては五の膳と菓子、後段まで出されている。菓子は茶菓子として三種類が多い。後段とは、別室でのもてなしで、うどんやくずきりなどが多い。

このように各地を巡回する場合、なぜ献立記録が残されているのだろうか。それは、『御献立留』という資料が、島津家の包丁人石原氏によって書かれているからである。領内をまわる場合も、包丁人を連れていったのである。寛文十一年の加治木の献立を紹介しよう。

さかひて　一塩鯛　　御汁　小あゆ
　　　　　同あわび　　　　つみ入
　　　　　くらげ　　　　　竹の子
　　　　　よりふし　　　　松露
　　　　　きんかん　　　とせんせん
煮あえ　　たいらぎ
　　　　　かまぼこ
　　　　　みつばせり
　　　　　くわい
　　　　　青山椒
　　御二
貝焼　　　あわび
あえ物　　うど

御三

さしみ　鯉子付　　御汁　塩くらげ

いり酒　　わけぎ

御よつめ

しゅんかん　わらび

大はまぐり

伊勢えび

漬竹の子

いりこ

御五つめ

せわり小鯛

御引て

一　すし　たで　　御肴　かばやき

一　なます　ひうち

はまきり　　御吸物　いか

一　鮭の塩引　　品川のり

御茶菓子
葛餅　水くり　しめ山いも
間の菓子
色々
御後段
うどん　　　御吸物　小ふな

また延宝二年（一六七四）にも、光久が西国御下向として獅子島、高岡、脇元、阿久根、船間島、向田、市来、伊集院、横井、高江をまわった。このように、年に一回ぐらいは各地をまわって視察をしたらしい。このときは、向田、市来、伊集院などが五の膳まで、その他は三の膳または四の膳までと、寛文十一年の光久の東国巡見の場合に比べてやや簡略化されている。

さらに時代が下り延宝九年（一六八一）十月、菊三郎（後の吉貴）が中国筋へ巡視したことがある。このときは横井、苗代川、串木野、向田、高城之西、阿久根、野

延宝２年光久西国巡見の折、市来にて供された膳の再現
（『かるかんの歴史』より）

田、出水の各地をまわった。菊三郎七歳のことだった。船間島の献立を紹介しよう。

本

なます　鯛　御汁　大ふな
　　　　きす　　　あらめ
　　　　さより　　すり山椒
　　　　やきほね
　　　　葉みかん
　　香の物
煮物　くしこ　御食
　　　　かまぼこ
　　　　岩茸
　　　　ぎんあん

二

杉焼　鯛　御汁　一塩鯛
　　　　焼うなぎ　魚わた子
　　　　くわい

水貝

三

刺身　鯛　　　　御汁　大かき
　かつお
　　からし酢
　引テ　　　　　御肴　たいらぎ
一　焼物　小鯛せわり一塩
一　すし　　　　御吸物　ししめ
一　焼鳥　　　　　　小きす
一　焼鮎　　　　取肴　むし貝
　　　　　　　　　　煮しめ麸
　　　　　　　　　　からすみ
　　　　　　　　　　此外色々

御茶菓子　葛もち　はも　水栗

さすが海に近い船間島という土地だけに、鯛やきす、さより、かつお、たいらぎ、かきなど海産物が豊富に使われている。そして、この当時の茶菓子というのは、現在菓子と考えられるものが一品と魚類や野菜の煮物などを添えて計三品出すのがふつうだった。

宿泊したのは向田、高城之西、阿久根、出水の四ヵ所で、あとは昼休憩だった。そして、宿泊の場合には四の膳まで、休憩の場合は三の膳または二の膳までだった。宿泊した高城之西の献立を紹介しよう。

本

酒ひて　一塩鯛　　御汁　塩鴨

同　鮑　　ごぼう

よりふし　　大根

へぎ生姜　　菜くき

さんにん

香の物

煮あえ　ふのやき

いかせん　　めし

焼き麸

御二

貝焼　あわび　　御汁　鮒毛切

あえ物　のし

くらげ

御三

煮ひたし　大鮒　　御汁　いもまき

御四

花ふし

蒸し鯛　くずぬた

引テ

一　酢ごぼう　　御肴　かまぼこ

一　一日干鯛　　ししめ貝

一　焼えび　　御吸物　小あじ

御茶菓子　葛もち　水栗　しめ芋

御後段　西国米

煮あえの材料の「麩のやき」については、クレープ風の菓子のそれがよく知られているが、江戸時代には「麩のやき卵」というものもあるので、ここでは卵の薄焼きだろうか。そのほかで目をひくのは、いもまきと西国米で、いずれも中国風のものである。いもまきとは『普茶料理抄』（一七七二年刊）に、つくね芋をおろして葛と合わせ、ごま油をひいた鍋で平らに焼き、醤油で味付けした汁をかけて供するというものである。西国米とは九州地方の米をいう場合もあるが、ここでは『普茶料理抄』にある赤米のことと思われる。中国ではおやつに「血糯羹」という赤米と小豆の甘いお粥を食べる。上海を旅したとき、このお粥を食べる機会があった。外見はまったくぜんざいである。東南アジアや中国では、赤米をみかけることも多く、蒸して餅のようにしたり、八宝飯という甘い点心にも使われたりする。

「普茶料理」とは、寺方料理ともいわれる精進のしっぽく料理のことをいい、『普茶料理抄』の序文「華頂山人」は、黄檗山万福寺の第二十代華頂禅師の書かれたものだった。鹿児島では、地理的に中国と近いこともあって、これらの中国風素材や料理が身近にあったのだろう。

鶴の料理

鶴は、古来から霊鳥とされていた。古くは豊臣秀吉が天皇家に鶴献上の嘉例をはじめたといわれ、以後、朝廷・幕府とも年始にこのしきたりを倣ったようだ。伊勢貞丈の随筆『縦纈』に「禁中にてこの事あり。清涼殿の前庭階（きざはし）の前に、一間に二間の板畳をしきて、其上にて包丁あり。包丁人、白小袖に狩衣、浅黄の指貫、風折烏帽子をつけて出仕す。（中略）。是高橋朝臣が近世に仕奉りし鶴包丁、天覧の折の切形を記せるなり」とある。そして、この鶴の包丁が行われたのは、正月二十八日だったという。

島津家が鶴を拝領するのは江戸初期の慶安元年（一六四八）にはじまる。将軍家光から下賜されたものだった。この年、鶴が江戸からはるばる宿次をしながら鹿児島まで運ばれた（「旧記雑録」一）。そして

「鶴のひらき」という規式を行ったのである。鶴を拝領することのできるのは、大藩に限られていたようだ。

これより前の寛永七年（一六三〇）の将軍家光の御成のとき、一の汁は鶴だった。その後の鶴のひらきの記録を『御献立留』からみると、寛文十一年（一六七一）一月十九日ほか二回ある。いずれも三汁六、七菜と豪華な献立である。そして、いずれも一の汁は鶴の汁だった。鶴の汁には、いちょう大根、うど、松露、きのこなどおよそ決まった材料が取り合わされた。『料理網目調味抄』（一七三〇年刊）には、汁に使う鳥の部の項に、鶴は一の汁は味噌仕立て、二の汁はすまし仕立てにするとある。

鶴の汁のつくり方について『江戸料理集』から概略を紹介すると、「だしと水を等分に合わせ、飯の取り湯を三割ほど加え、白みそをよくすり濃い目にとき、鍋に七分目ほど用意する。別のだしに、鶴の骨を入れて煮だして骨をのぞき、鶴肉をそのだし汁でゆがき、最初の鍋のみそ汁に加える。供する直前に火にかけ、鶴肉や取合わせの野菜を入れ、味をととのえ、酒を少し加えて火からおろす。鶴の香りが逃げないよう、鍋のふたは開けない」とある。鶴の香りとは、どんなものだったのだろうか。現在では、その味を確かめる術もないが、果たしておいしいものだったのだろうか。

幕府から拝領した鶴は、切り身を親戚などへうやうやしくおすそ分けし、有り難く頂戴したらしい。鶴を料理するときには、その切り方に決まりがあって、殿様の御前でそれを行った。これを鶴の包丁式といった。島津家に所蔵されている『鯉三十六ノ口伝』（一四八九年）には、式の鶴、夜越の鶴、祝の鶴、千年鶴、丹頂鶴などが図で示されている。そして、千年鶴という切り方は、将軍の御成のときに出すものだった。

では、鶴のひらきのほかに、どのような場合に鶴の料理が出されたのだろうか。まず、六代将軍家宣の将軍宣下の祝い、そして琉球の中城王子や豊見城王子への振る舞い、そして琉球からの使節大黒按司や池球・船原・摩文仁親方へなど、いずれも歓待の意を現す場合に出されている。そして、これらの献立のいずれも一の汁だった。

時代が下って、斉宣の時代（一七八九年）に、ややくだけた場に鶴が用いられたことがある。それは忘年会のとき催されたお能の見物のときだった。その日、拝領した鶴のひらきも同時に行われたようだ。殿様をはじめ、側室たちへ二汁五菜の料理が出された。もちろん、一の汁には鶴。その前に、鶴の吸物、鶴血酒、取肴、鯛のさしみ、鯛の浜焼などが出た。鶴血酒とは珍しい。高貴とされた鶴は、血まで珍しがられたのだろう。

鶴がなぜ珍重されるようになったかについてははっきりしないが、天正十五年（一五八七）豊臣秀吉が天皇に鶴を献上したことにはじまるという。これより五年前の天正十年、徳川家康が織田信長に謁したときに鶴の汁が出された。このときの接待饗応役は、明智光秀だった。信長も家康も、光秀も鶴を食べた。このような流れをくんで、江戸時代になっても鶴が尊ばれたものと思われる。

関狩り・馬追い

関狩りと馬追いは、一種の軍事訓練のようなものである。関狩りは、薩摩半島の春山や谷山、大隅半島の川辺など、馬追いは現在の市内近郊の吉野、福山などで行われた。

延宝三年（一六七五）十一月に行われた谷山での関狩りのときは、琉球の中城王子も御覧になった。そのときの食事は、寛文頃としては比較的簡単な二汁三菜が多い。三汁五菜・引て・茶菓子・後段といった念を入れた献立は『御献立留』中、一回しかない。

その後も関狩りや馬追いは行われた。斉宣入国のときの七ヵ月の間には五回、斉彬入国のときの一年三ヵ月の間には九回行われている。また、斉宣の場合には、釣りが好きだったのか、尾畔や築地、磯などで釣りをたのしんでいる。あじ釣りなどとある。

法　事

延宝元年（一六七三）六月、鹿児島の福昌寺で泰清院（綱久）の万散時の法事が執行された。福昌寺は島津家の菩提寺である。十九代光久の長男・綱久は、光久十七歳のときの子で、寛永九年（一六三二）江戸で生まれた。慶安四年（一六五一）登城して四代将軍家綱に拝謁して、「綱」の一字を賜った。しかし、寛文十二年（一六七二）三月、国元を出立し江戸へ向かったのだが、翌十三年二月十九日、藩主となることなく四十二歳で江戸で亡くなった。このとき、光久五十八歳だった。光久は、この当時としては長寿で、七十二歳で隠居し、綱久の長男すなわち孫の綱貴に家督をゆずり、七十九歳で亡くなっている。綱久は、江戸で亡くなったため、葬儀は芝の大円寺で行われ、その後遺骨が国元へ帰り、福昌寺中の恵燈院へ位牌が安置された。福昌寺で行われた泰清院の法事の料理は、二汁五菜だった。また、延宝元年（一六七三）七月十一日の法事に、即宗院へ出された献立がある。もちろん、精進料理であるが、珍しい料理として江戸なます（かご麩、昆布、菜、くり、ごぼう、けしす、葉みかん）、料理なす（すり物、からし）、雪あえ（おろし大根、なし）などがある。菓子はいり粉餅が出された。いり粉餅は江戸初期に多い菓子である。

この法事のほか、『御献立留』には延宝二年（一六七四）、綱貴の正妻常照院の万散時のときの記録もある。綱貴が最初の妻を亡くしたのは、二十四歳のときだったが、正妻の法事は三汁五菜引て菓子という様式だった。嫡子だった泰清院の場合に比べると、重きがおかれている。

法事ではないが、殿様たちが寺参りをしたときの記録もある。このときにも精進料理が出された。

琉球の使節の接待

島津家が琉球を支配するようになったのは、慶長十四年（一六〇九）のことだった。幕府の承認があったとはいえ、侵略にほかならなかった。以来、琉球は薩摩藩の支配を受ける一方で、明および清への進貢も行っており、二重の支配を受けていたことになる。

琉球からは将軍の代替わりに慶賀使、琉球の新国王が嗣立されたときの謝恩使が江戸城へ派遣されていたし、島津家の慶弔や年始祝儀、また唐物貿易などのために多くの人たちがやってきた。鹿児島市内には、琉球仮屋も置かれていた。琉球からは、たくさんの使節が鹿児島に来た。将軍の祝儀や不祝儀には江戸までのぼることもあった。そのほかに王子たちが鹿児島へ来たのは、年始や島津家の代替わりのときである。

献立記録からみると、延宝三年（一六七五）の中城王子、元禄五年（一六八八）の佐敷王子、安永二年（一七七三）の中城王子、寛政元年（一七八九）の大宣見王子などがある。

王子への饗応は、いずれも五五三という正式の儀式料理（式正料理）だった。しかし、式正料理の決まりだった式三献や雑煮膳は出されなかった。そして、最高の儀式料理では七五三の膳すなわち最初に七品、二の膳五品、三の膳三品をつけたが、これをやや略して五品、五品、三品としたものらしい。しかし、五五三につづく本膳料理は三汁九菜・湯漬、ときには四汁十一菜と最高のもてなしだった。島津家の儀式料理の記録のうち、式三献・雑煮膳と出されたのは、藩主の婚礼や参勤交代の出発、最大の菩提寺福昌寺の入院などの場合だったが、それにつづく五五三の料理が出されたのは、琉球王子の饗応のほかは福昌寺入院（一六八一年）と南林寺での立願成就の祝いだけである。

琉球王子の饗応に話をもどそう。五五三の饗応はまったく日本風で、琉球らしさはみられない。ただひとつ、佐敷王子の例に「いため猪」、また「にく」と記された素材を使ったメニューがある。猪や鹿、肉は、琉球関係の接待にたくさん使われていた。それはこの頃の他の献立には、獣肉を使うのが珍しいのに対して、琉球の接待には毎回のように使われている。やはり、琉球の人たちの食の好みに合わせたものを出していたようだ。「にく」とは何か。これについて確定的なことはいえないが、『食物知新』（一七二六年刊）には怜羊に「にく」とカナがふってあり、怜羊はかもしかの一種なので、かもしかが使われたのかもしれない。

ところで、琉球王子の五五三の饗応は、公式に振る舞われた場合だった。王子へは金紙で飾られたかわらけや亀足（きそく）という飾りが用意された。延宝三年十二月廿六日の例を示そう。

　　五五三

金かわらけ　金小角きそく　金かわらけ
塩引　かまぼこ　御汁　鴨
大こん
金かわらけ　午房
あえまぜ　はも　塩松茸
くり　柚
はし
大こん
れん根

箸　同　　　金小角　　　右　同
香の物　　　この桶　　　御食
二の御膳
右同廻盛　金小角　　　右　同
巻するめ　すし　　　　御汁　鯛
□
金輪銀きそく
にし
右同　　　金小角　　　右　同
たこ　　　松笠盛くらげ　御汁　いりこ
蒲鉾
竹の子
串蚫
椎茸
三の御膳
金小角　　　金

羽盛鴫　　　　　　　　御汁　鮒け切
金輪銀きそく　　　　　水山椒
蛸廻盛　　金
御汁　紅花いか

右同
さしみ
縁高
御菓子　のし
川砂糖
羊羹
蜜柑
あるへい　とんぼう
御替御膳
酒ひて　一塩鯛　　　御汁　鶴
同　蚫　　　　　　　大根
くらげ　　　　　　　つく

より鰹　午房
わさび　とっくわ
きんかん　よめな
小角　香の物
煮あえ　たいらぎ
まて
かまぼこ
くこ
山椒
御二
杉焼　小鳥　御汁　あんこう
あら　松茸
きのこ　水山椒
ぼらのうす
すし　鯛
鮑

いか
たで
御三
台有　海老船盛　　御汁　たら
しらす
かけ煎　くつし鯛　　昆布
赤貝
ぶりこ
御よつめ
さしみ　鮒子付
かき鯛
ひさ
いり酒　みそ酢
御五つめ
大鮒煮ひたし
御引物

一　焼鳥　けり　　　　吸物　ししめ貝
　　　　　きじ　　　　　　　なまこ
一　一日干　　　　　　　　　□□
一　かまぼこ　　　　　　　　いか
一　かば焼　　　　　　　　　春菊
一　なます　鯛
　　　　　　ももげ
　　　　　　くりたで
　　　　　　なまこ
一　煎鳥　鴨
　　　　　わさび
御茶菓子　木のこ餅　水栗　小さざい
間御菓子
一　高麗餅　　一　栗粉餅　　一　梨
一　ういろう餅　一　あえ餅　　一　柿
一　砂金餅　　一　さし巻

一　うずら餅　一　羊羹
湯漬御献立
水あえ　はも　小焼物　鯛
するめ　焼きみそ
のし
くりたで
煮物　鴨　湯漬
山椒
御二　御汁　つみれ
貝焼　あわび　いりこ
大根
榎茸
高□
御三
しゅんかん　いせ海老　御汁　塩鯛
はんぺん　めたで

漬竹の子
赤貝
まいたけ

御引テ
一　香の物　　御吸物　たにし
一　こごり　　　　　　たこ
一　みそ鯛　　　　　　ひじき
一　焼鳥　うずら　　　小魚いろいろ
　　　　　　　　　　　にく

これでもか、これでもかというほどの料理が次々に出された。その品数といい、金の飾りをつけた料理や鶴の汁が出されたこと、菓子の多さなど他の饗応に比べて群を抜いたものだった。そして、この中には琉球風の紅花いかや琉球菓子の川砂糖（葛餅のようなもの）などが加えられるというように心配りがされている。

遊行上人の接待

遊行上人とは本来、鎌倉時代中期の僧である一遍上人のことで、ひとりで念仏をとなえながら全国を行脚した。後世になっては、神奈川の藤沢に建てられた遊行寺の歴代の僧のことをいうようになり、一遍上人の意志をついで諸国を教化して歩いた。

その遊行上人が鹿児島に来たのは、延宝二年（一六七四）七月廿八日のことだった。

『御献立留』には、初度、中度、後度の三回の献立が記されているところをみると、島津家に宿泊したようだ。もてなしは、いずれも四の膳、茶菓子、後菓子、後段まで出されたのは初度と中度の二回だった。とすると、初度は朝食、中度は昼食、後度は夕食だったと思われる。初度の献立を紹介しよう。

あえまぜ　しめ麩
　くりはし
　ささき大根
　春菊
　にんじん
　きんかん

汁　大根
　倉間ごぼう
　焼豆腐
　はつ茸
　里芋

煮物　岩茸
　こんにゃく
　くわい
　割山椒

香の物

御飯

二

杉焼　揚豆腐　汁　揚こんにゃく

山の芋　きくらげ

ぎんあん　塩松茸

柚みそ　うど

ほうれん草

三

さしみ　こんにゃく　汁　小菜

焼大根

かんてん

ちしゃ

みそ酢

向

しゅんかん　漬竹子

漬わらび

いもはんぺん揚げて

川茸

引物

一　揚麩　　　　　　　肴

一　でんがく　揚豆腐

青串

一　料理豆腐　　　　　吸物

葛たまり

くるみ

御茶菓子

ふのやき　山の芋　水くり

後菓子

柿　みかん　高麗餅

後段

すすりだんご

朝食にしては豪華である。料理はもちろん精進で、鹿児島の郷土料理、しゅんかんや郷土菓子の高麗餅も出された。

遊行上人は、正徳五年（一七一五）、豊後臼杵藩も訪れている。鹿児島の延宝二年から約四〇年後のこととなるが、このときの詳細な記録はない。

菩提寺福昌寺和尚の入院

寺方の関係する行事としては、藩主や嫡子が寺へ出向いた場合に寺で出された献立と、寺で和尚に出した献立とがある。寺で出された献立といっても、島津家の包丁人の記録にあるのだから、島津家のもてなしだった。

和尚が出ることを入院といい、『御献立留』には寛文九年（一六六九）大乗院、延宝八年（一六八〇）福昌寺三十六世父祝和尚、天和元年（一六八一）福昌寺などの記録がある。福昌寺和尚の入院のときは、最大級の五五三のもてなしだった。福昌寺とは、応永元年（一三九四）、七代元久の創建になる鹿児島藩最大の寺で、僧侶の数は多いときで一五〇〇人をこえていたという。ここには島津家六代から二十一代までの墓があるので、やはり他の寺とは別格の扱いだったようだ。天和元年十一月、薩州様（綱貴）が福昌寺へ参拝したときの入院の献立をみよう。

一　御引渡　かすてら　あるへい　花ぼうる
　　　　　　つりか□た　昆布
一　御雑煮　山芋

餅
串柿
昆布
もやし
一　酢のり
一　御吸物　とうふ
ふきのとう
御本膳五五三
角盛　この桶ざぜん　御汁　□□
揚豆腐　ごぼう
竹の子
あえまぜ　はしかみ
岩茸
れんこん　御めし
角盛　この桶　青あえ
御二

角盛　きのこ
　　　でんがく
角盛　うど

　　　御三
□□　□こん
　　　こんにゃく
　　　氷ふと
　　　みる
□くらげ

角盛　うど

御汁　納豆
　　　大根
　　　せり
　　　からし
御汁　揚げ物
　　　うど
　　　松露
　　　くき

御汁　江戸かぶ
　　　塩松茸

御汁　いも巻
　　　青のり
　　　胡椒粉

しゅんかん
杉焼
　御引物

かすてらが用いられるのは、その頃では大変珍しいことで、それだけ力を入れた接待だったことになるし、あるへい、ぼうろなどの南蛮菓子が天和元年に出されていることは、他の地域と比べて早く、九州ならではのもてなしである。

諸国よりの使者への接待

寛文九年（一六六九）から貞享四年（一六八七）までの間に、島津家をたずねた使者の献立記録が一一回ある。越前丸岡の有馬中務、同有馬左え門左根、豊後臼杵の稲葉市正、肥前の五島佐渡守、日向磯部の秋月佐渡守、土佐中村の山内大膳、伊予松山、佐土原島津家よりなど各藩からの使者や高野山蓮金院、商人と思われる京八文字屋善兵衛、大黒屋太郎衛門なども来て、振る舞われている。天和二年（一六八二）、稲葉市正の使者が来た目的は、市正の初入国の祝いに対する返礼だった。となると、近隣や近親の藩には、祝儀をした場合、その返礼が行われるのがふつうだったらしい。

貞享二年（一六八五）、大黒屋太郎衛門をお城に招いて振る舞ったときの三汁五菜の献立を示そう。このときは、茶菓子、後菓子、後段も出された。

本

なます　たい　汁　つみ入

防風　鯛の子

きんかん　竹の子

松露

煮あえ　くしこ

玉子はんぺん

けし菜

割山椒

御二

杉焼　あんこう　汁　あまだい

すり山椒　ゆず

すし　鯛

小鮎

漬たで

御三

さしみ　大ふな　汁　干葉

　ひらす

　かき鯛

　えんす

　いり酒

　わさび

　青酢

引て

生かわ　鴨せん　肴　かまぼこ

　わさび　くすな

焼物　小鯛せわり一塩　吸物　いか

焼鳥　きじ　あさり

　小鳥　めたい

茶菓子　椿餅

　色付いも

水くり

後菓子　橙柑

ありへい

餅　青粉餅

いものこ餅

後段　すすりだんご

かなりの御馳走だった。このほかの場合でも、一の汁には鴨が使われた例が多く、有馬中務の場合には丁重に鶴の汁が出されている。

鹿児島での遊興

国元に帰っているとき、公務の合間に関狩りや馬追い、犬追物を楽しんだり、名所を訪ねることもあった。『御献立留』からみることにしよう。

まず、狩りについてである。記録には関狩りとある。狩りは、いずれも秋から冬にかけて、ほぼ年一回、春山や川辺で行われている。延宝三年（一六七五）のときは、琉球の中城王子が見物した。獲物は主に猪や鹿だった。馬追いも、ほぼ年一回吉野や福山で行われた。寛文十年（一六七〇）八月の馬追いには、初入国していた綱貴が参加されている。

関狩りと馬追いのときの料理は、二汁三菜または三汁五菜、引テ、茶菓子は一〜二種と比較的簡単な献立だった。関狩りのときの料理の特徴は、いため猪という料理がよく出たことである。このように猪や鹿などが使われるのも狩りらしい。また、狩りや馬追などのときにも、温かい汁物などを出すために包丁人を同道したようだ。

能をたのしんだ記録も多い。能は中世から行われていた芸能のひとつで、南北朝・室町時代の田楽・猿楽から発展したもので、将軍足利義満（一三五八〜一四〇八年）の保護を受けて、芸能として完成した。豊臣秀吉や徳川家康も保護を加え、武家の式楽として位置づけられるようになった。江戸城や大名家でも、祝儀の折、能が行われることも多く、観賞するだけでなく自身が演じることもあって、大名たちも能について学ぶ必要があった。

珍しい食べもの

『御献立留』の中には、珍しい食べものがある。まず「ももげ」である。ももげとは、ももき、むむきともいい、鳥の内臓とくに砂肝のことで、塩や麹などを入れた塩辛のようなものらしい。これが出されたのは、琉球の人たちや狩りのときなどだった。なまぐさなのだから、このようなときに用いられたのだろう。

「鯨」もある。鯨は鹿児島辺でとれたものではないようだ。臼杵藩には、五島鯨との記録もあり、生鯨はまれにしかないものの、塩鯨としてかなり遠くまで運ばれていたらしい。鯨は、どのように料理されていたのだろうか。江戸時代には、『鯨肉調味方』（一八三二年刊）という鯨料理の案内書も出版され、多彩な料理が紹介されている。それだけ、日本人の鯨食が普及していたことを示すものだろう。もっとも多いのは鯨汁である。江戸時代には、各地に年末の煤払いの日に鯨汁を食べる風習があったようだ。『年中取組献立』（江戸中期）という大坂の料亭の一年分の献立記録がある。この中に鯨料理が七例あるが、吸物・汁物が四例、他の三例は酢みそで食べるものだった。江戸時代には、九州や山口をはじめとして土佐や紀州、仙台湾の金華山辺で盛んに捕鯨が行われていた。

島津家の鯨料理にも、多いのはねぎやみょうがをあしらった汁物である。汁のほかには、杉焼（湯引鯨、くしこ、えんす、わさびみそ）やさしみ（かき、湯引鯛、えんす、ゆで鯨、いり酒、みそ酢）などに使われた。

次に、「ふのやき」についてである。ふのやきといえば、茶人千利休の好んだ菓子として知られている。しかし、それより以前の『松屋会記』の天正十八年（一五八〇）久好の茶会が初見であって、中世からの茶菓子だった。そのふのやきが『御献立留』に多出する。『雍州府志』（一六八四年）には「小麦粉を水でといて、鍋で薄く焼、味噌をぬる」とある。また、日本で最初の菓子製法書『御前菓子秘伝抄』（一七一八年）にもあって「山椒味噌、きざんだくるみ、白砂糖、けしの実を入れる」とあり、後者のほうがやや手の込んだものとなっている。ふのやきは、千利休の茶会記『利休百会記』（推定一五九〇年）の八五会の茶会中、六五会も用いられているほどだった。

しかし、『御献立留』にあるふのやきは、菓子として名の出る場合と、料理のひとつの材料として出ている場合がある。料理の例をあげると、煮あえとしてふのやきといか、かまぼこ、辛鮭皮、氷こんにゃくなどがある。ふのやき玉子というものも重豪の時代にあったので、薄焼き玉子だったかもしれない。

次に「砂糖」について述べよう。砂糖は、現在ではごく普通に食べられているけれども、江戸初期には大変貴重なものだった。砂糖は、そのほとんどが後段という食後に別室で出される一品に使われた。例えば、すすりだんごや餅、くず切、西国米などに砂糖をそえている。この場合、猪口に砂糖を盛って出していた。それは、貴重な砂糖を目にみえる形にしたためだろう。泡盛にも砂糖がそえられた。砂糖がたくさん用いられたのは、鹿児島らしい。鹿児島の砂糖は奄美大島でつくられていたことが知られているが、この頃にはまだ大島産ではなく、琉球との貿易すなわち明・清や東南アジアなどから運ばれたと思われる。

鹿児島には、「砂糖めし」というものもあった。大正から昭和初期の聞き書『鹿児島の食事』に、お盆や祭りのときに食べたらしい。それは、米一升を炊きあげ、それに黒砂糖一斤をすりこ木でつき込んだものだった。米の飯も砂糖も御馳走だった時代の話である。

第三章　江戸中期の食――二十一代吉貴・二十二代継豊時代――

慶長六年（一六〇一）、島津家久は鶴丸城の築城と鶴丸城を中心とした城下町の建設をはじめた。当時の鶴丸城は、すぐ近くまでが海だったらしい。実際、尚古集成館に所蔵されている寛文十年（一六七〇）の鹿児島城下絵図には、その当時の様子が描かれている。その後の藩主たちは海岸を埋め立てて、甲突川の流れを西へと変え、城下町を拡げていった。したがって、この時代は藩政の定着期・発展期とでもいえるだろうか。

吉貴が家督相続をしたのは宝永元年（一七〇四）、継豊は城下町拡張期の元禄十四年（一七〇一）に生まれている。

島津家の料理関係の文書の中に、将軍家との係わりのあるものがある。五代将軍綱吉の厄年祈願、六代将軍家宣の宣下祝い、継豊の縁組、大納言家重の若君誕生祝いなどの記録は、すべてこの継豊時代のものである。

将軍綱吉の厄年祈願

厄年とは、陰陽道の考え方のひとつで、厄難にあうから諸事につつしみ深く振る舞わなければならないとして、男性の場合は二十五歳と四十二歳、女性の場合は十九歳と三十三歳がこれにあたるとされ、男の四十二歳、女の三十三歳を大厄、その前後を前厄、後厄としていた。

五代将軍綱吉は、犬公方として知られた人だった。晩年には、神社仏閣の建立に力を入れ、祈祷に凝っていたようだ（『隆光僧上日記』）。吉貴時代の貞享三年（一六八六）八月廿二日、綱吉四十二歳の大厄にあたり、その前厄として鹿児島大乗院で厄払いの祈願を行った。大乗院は、島津家の祈願寺である。この当時は、将軍家に関係する祝儀・不祝儀とも、江戸はもちろんのこと、国元にいても儀礼を欠かさなかったのである。

そのときの料理は精進の二汁五菜。さしみに相当するなますは、麩、くり、岩茸、きんかん、生姜だった。一の汁の具は松茸、小いもとこまごました菜、二の汁の具は揚げ、ごぼう、竹の子、榎茸、大根、みょうがと実だくさんの汁だった。茶菓子は、ふのやきだった。ふのやきは、千利休が好んで茶会に使った菓子である。翌廿三日夕、精進あけとしてか、魚入りの二汁五菜の料理の記録がある。

徳川家宣の将軍宣下祝い

前述の厄年祈願につづいて、将軍宣下の祝いも行われた。

宝永六年（一七〇九）一月十日、五代将軍綱吉が麻疹（はしか）で急死した。綱吉といえば、批判の多かった生類憐みの令を出した人として知られている。生類憐みの令は、綱吉が貞享二年（一六八五）以後相次いで発令した殺生禁止令のことをいい、綱吉が戌年だったことからとくに犬に対してきびしく、野犬を保護するために武蔵中野村に数万頭もの犬を養う犬小屋をつくったという。

さて、宝永六年五月一日、綱吉のあとをうけて、家宣が六代将軍になったとき、鹿児島で将軍宣下の祝いが行われた。将軍宣下だけでなく、徳川家で転任や兼任など役替えがあった場合には、各大名家は老中たちを招いて江戸屋敷で祝宴を行っていた。その記録は、島津家のほか、熊本藩細川家や萩藩毛利家などにもある。島津家の場合、国元での祝儀の記録は残されているが、江戸屋敷の記録はない。

祝儀が行われたのは、宝永八年二月廿六日だった。実際の将軍宣下は宝永六年五月一日だったので、鹿児島の祝儀は、その一年半あとのことだった。江戸にいたときには当然のこと登城して祝ったはずであるから、帰国してから、国元の家臣たちとともに再び祝ったのだろう。

そのときの御馳走は、とても華やかなもので、珍しい料理や素材、飾りものの島台も出された。献立は、まず熨斗を大三方に盛り、つづいて三汁九菜が出された。内容をみよう。

御本膳

なます　鯛　　　　　御汁　生鶴

　しそ　　　　　　　　　えのき茸

たで　　芽うど
葉生姜　　ごぼう
きんかん　　みつば
煮物　□□
岩茸
□□せん

御二

杉箱　蒸煮魚　　御汁　鯛
くしこ　　ゆず
□□ねり　　木の芽
あえ物　くこ
ほろほろ
当座すし　小あゆ
さより
きす
ほたで

御三

拾味　鯉子付細作り　御汁　□菜

め□□

えんす

わさび

九年母

いり酒

からし酢

生皮　小鯛か

河い□か

くり

山椒

御向詰

小鯛

御引て

焼物　味噌漬鱒か　御吸物　ひれ

味噌漬鯛　小たいらぎ
御肴　蚫でんがく　のり
島台
御取肴
一　わん切
一　くしこのし
一　するめ
御後段
花かつお　汁　たぬき
え□へけ
葛肴□□物
御茶菓子
水くり　川茸　美作こしあん生
御後菓子
枝柿　ぎゅうひあめ　あるへい
葛せんべい　松風

名酒二種
　砂糖漬
御煮染　焼鳥
　かまぼこ
　色付いも
　生□□り
　御香の子
砂糖　餅　まめあえ餅
　□□餅
　小饅頭か
　羊羹　か
　砂糖いちごもどき

内容はとても凝っていた。例えば、一の汁には生鶴とある。塩漬けではないという意味で、新鮮な材料を用意したことがわかる。

ひととおりの料理が終わって、別室で出される後段には、狸の汁も出された。狸を使うのは珍しいことで、たくさんある献立記録のなか、これがただ一回だけである。狸の肉は臭みが強いので、臭みぬきをして使うか、またはこんにゃくを油で揚げて代用にすることも多かった。しかし、今回の場合には、使用された材料に「たぬき」とあるので、本物の狸汁だった。

さらに、御茶菓子三種、後菓子五種、茶菓子は野菜の煮物二種類などを含めて現在の菓子は一種、後菓子には果物が少し含まれるが、ほとんどが現在でいう菓子である。したがって、後菓子の数が多いということは、当時高価だった菓子がたくさん出ているので、レベルの高い献立といえる。

ほかに、名酒二種と砂糖漬、砂糖を添えた餅菓子、いちごもどきなどが出された。いちごもどきとは九年母（柑橘の一種）を一袋ずつさいてつくったものである。

将軍家との縁組

継豊は、享保八年（一七二三）四月、長州藩主毛利吉元の娘皆姫と結婚した。その規式は、島津家の初代包丁人石原佐渡守（生年不詳～一六四八年）が相伝した大草流にのっとっている。以下、土田美緒子氏の報文ほかを引用させていただく。このときの式は次のように行われた。

輿渡・輿請取

入輿・着座　継豊が主居　皆姫客居

箸初め

御待上臈が皆姫の愛敬の守を受取り、継豊に見せたのち、床柱に掛ける

式三献（三々九度の盃）
　皆姫　継豊　御待上臈の順
膳部
　初献　雑煮など　盃および銚子
　二　吸物など　盃および銚子
　三　饗の膳三までとお湯
　四　煎物など　盃および銚子
　五　吸物など
　　盃の取りかわし
色直し
　着座　皆姫が主居
ふくさ膳三まで
島台
盃事
湯・菓子
箸初めとは、室町時代以降行われるようになっ

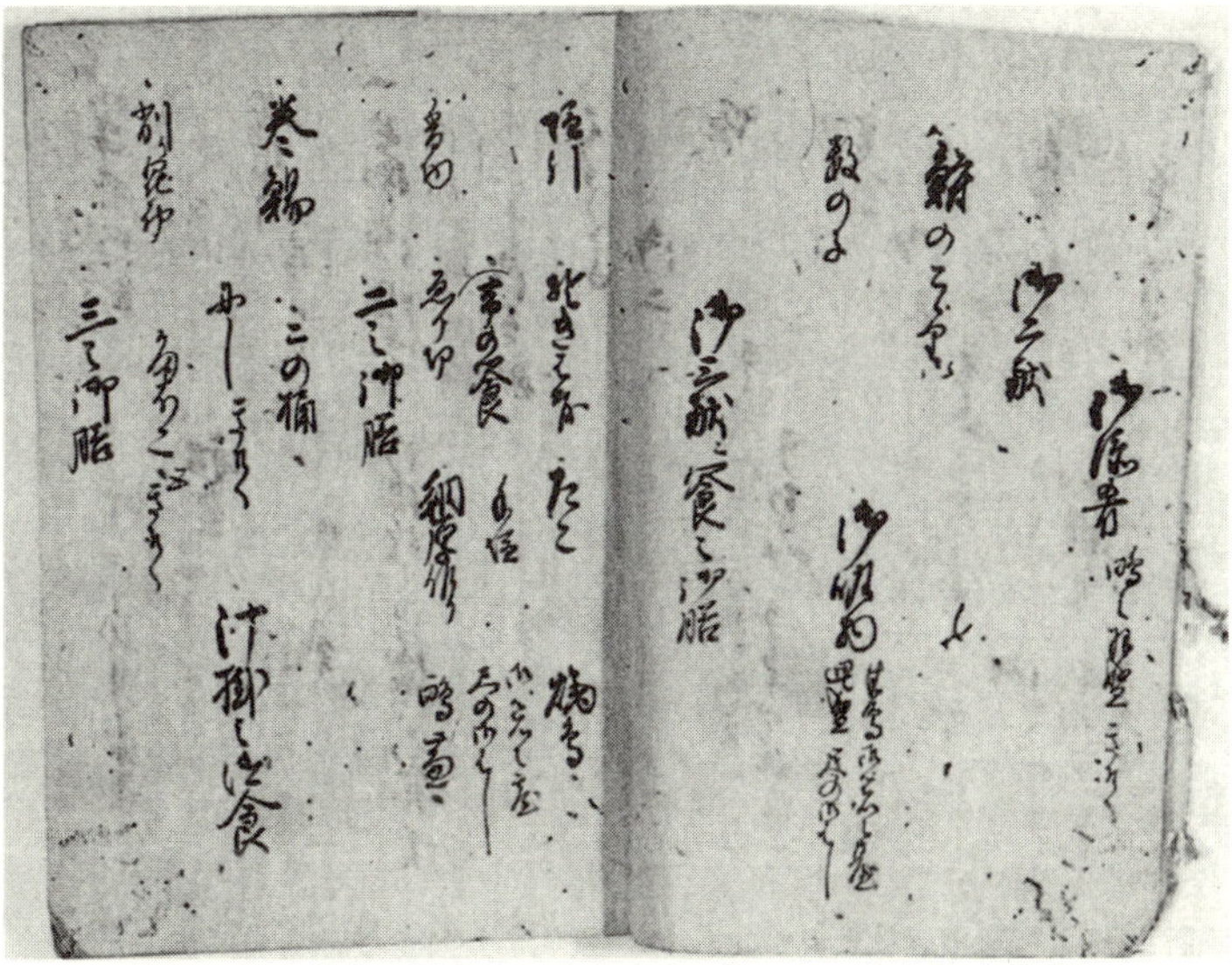

享保8年「継豊公婚礼之一巻留」（甲本より。尚古集成館蔵）

た儀式で、現在ではこどもが初めて大人の食べ物を食べはじめる祝いとして行われる。食い初めともいう。この祝いが、江戸時代には婚礼のときも行われていた。それは、おそらく新しい家で初めて箸を使うということを祝ったと思われる。また、婚礼などの祝儀には雑煮膳が出されることが多かった。

この婚礼が行われた四年後の享保十二年、皆姫は亡くなった。その後の二年間、独り身のままだった継豊に、八代将軍吉宗の養女だった竹姫をもらうように話があった。竹姫という人は、清閑寺大納言の娘として京都に生まれた。そして、五代将軍綱吉の側室大典侍の姪にあたる。大典侍にこどもがなかったので、綱吉の養女にしてもらっていた。竹姫は、二度縁組をしているが、いずれも相手が亡くなったため成立しないままになっていた。そこへ、正妻を亡くしていた島津継豊が目にとまったというわけである。

島津家側としては、将軍家との縁組にはお金がかかるし、正妻はいなかったものの、側室於嘉久に男子益之助（後の二十三代宗信）が生まれていて、その於嘉久を正妻と同様にあつかっていたので、竹姫を迎える気にはならず、何かと理由をつけて断ろうと考えていた。理由のひとつには「竹姫様、御きりょうは勝れかね候」と、美人でなかったことをあげている。しかし、吉宗側はいい出した話をひっこめず「もし、竹姫に男子が生れても、すでに生まれている益之助を嫡子としてよい」という妥協案をだして、強引に結婚話をすすめていった。

そして、享保十四年十二月十一日、将軍家との縁組がようやく実現することとなった。婚礼を前にして、竹姫が住むための御守殿を建てなければならなかった。それは、三位以上の位の高い人は、御守殿に住むと決まっていたからである。そのためには島津家の上屋敷すなわち桜田屋敷はあまりにも狭く御守殿をつくる場所がないと上申し、添地として六八九〇坪が下されることになった。

御城から竹姫に付き添ってきた女中の数は、御目見え以上の大上臈一人、小上臈一人、大年寄一人、御つぼね一人、御年寄一人、若年寄三人など三六人、御目見え以下は二八人の計六四人、召仕女は一四〇人だったという。これだけの人を抱えていくことだけでも、大変さがうかがえる。

婚礼の前には、御待請の御道具として小袖、帯、夜具、御簾、掛物、軸物、手かがみ、花瓶、香台、文台、香合、香炉、たばこ盆、衣桁、うがい茶碗、手洗い、火鉢などなどが島津家で用意された。竹姫側の御道具は、十二月三日から五日にかけて運ばれた。呉服の入ったと思われる長持だけでも一〇〇棹という大かがりなものだった。

婚礼の当日、御城へのお迎えの役は、老中阿部伊勢守正福だった。

さて、いよいよ婚礼当日である。このときの献立の詳細はないが、三ツ目、五ツ目の祝いの記録がある。三ツ目、五ツ目とは、婚礼後三日目、五日目の里帰りのことである。その五ツ目には、婚礼当日ではないのに式三献につづいて初献から七献まで、三献目には饗膳として三の膳までが出された。

では、三ツ目、五ツ目の祝いがどのように行われたかをみよう。御膳や箸、ようじまですべてが金紙で飾られた。

式御三献

御本
くらげ　　　　　のし
梅干
御二
塩盛
　　　　うちみ　鯛
生姜
御三
　　　　わたいり小鯛
初献
亀甲　鳥まわし盛　　餅
　　　　　　　　くしこ
　　　　御雑煮　くし蚫
　　　　　　　　芋
亀甲　五種けずり物　かつおぶし

御添肴
　　鳴羽盛　きそく
一　長柄之御銚子
二献
　　こごり魚鮒
　　　　　　　　御吸物　鶴
　　数の子
一　長柄之御銚子
三献
　　饗之御膳
　　　御本
塩引鮭　そぎはも　たこ　焼鳥
　帯の饗　御手塩
　　　御二
　巻するめ　このわた桶
　　　にし　きそく

松葉昆布　かまぼこ　きそく
御三
小串鯛　ひしほいり
海老船盛
さしくらげ　御汁　鯛
一　長柄之御銚子
一　御湯　御食　土器一重之下に御湯参候
与（四）献
小角　まなかつお
うの花いり
からすみ
五献
この桶
ひれの物
小さざい　きそく
一　長柄之御銚子

六献
　はらら子
　　　　まはいり
割のはも
一　長柄之御銚子
七献
ほや盛
　　　　御吸物　はね鮒
ぬり海老
一　長柄之御銚子
きそくとは、飾りものをつけることである。これにつづいて御色直しの祝いとして左のように出された。
酒ひて　塩鯛　　御汁　つみ入
　塩引鮭　　　　松露
　くらげ　　　　大根
　よりかつお　　めうど
　きんかん　　　せり

金みがき　小桶
御糸目　いりこ
小包玉子　御めし
松茸
御二
金みがき　はたしろ
杉箱　あわび　御汁
くわい
ちょく
金みがきこの桶　御汁
御三
いりもの
御汁
さざいから煮
御よつ目
金みがき扇子形　いり酒

からし酢

御五つ目

小鯛焼物

御引物

小板かまぼこ　　　御吸物　越川いり

ひれの物

島台二通　高砂

鶴亀

御菓子　いろいろ

さらに寝間の御三献とつづいた。

婚礼の翌日には、五百八十の餅という規式が行われた。これには、丸餅二九〇と鳥の子餅二九〇の合わせて五八〇、小豆粉三升六合（約五キロ）ときな粉三升二合五勺（約四キロ）、この餅は、近江表をかます（俵のよう）にして御城へ届けられた。また同時に、十種肴として干はも九〇本、からすみ七〇挺、塩ぼら五〇本、するめ五〇連、塩鯛三〇枚、塩いなだ三〇本、塩さけ三〇尺、昆布三〇わ、のし三〇わ、干たら三〇枚を長持に入れて届けた。島津家が竹姫との婚礼をためらったのがよくわかるような、豪華絢爛たる婚礼だった。

継豊の初婚と再婚の場合を比較すると、初婚では五献までであるのに対し、再婚では七献までと、やはり将軍家の縁組と差がある。さらに寝間三献、色直し祝いも行われた。また、島津家の婚礼規式を他の大名家と比べると、年代の近い紀伊徳川家の種姫の場合には、饗膳の料理の数は、本膳から三膳までは合計二四種、島津家の場合は二一種で、紀伊徳川家に次いで多かった。

大納言若君出生の祝い

元文二年（一七三七）四月、大納言家重の住む西の丸でお産があるとのことだった（『大日本史料徳川実紀』）。そして、同年五月二十二日、若君が誕生した。男子であったので、すぐに弓・矢・干鯛が贈られた。竹千代と名付けられ、盛大な祝儀が行われた。のちの十代将軍家治である。

これに先立って、鹿児島へもお産があるという知らせが届いていた。そこで、島津家の包丁人石原氏は、同年三月廿一日、大納言の若君出生の祝いが行われるにあたって、江戸屋敷へ老中たちを招くための献立をつくって、江戸へ書き送っている。大事な饗応をする場合には、鹿児島にいた包丁人頭が江戸屋敷の献立までつくっていたようだ。

献立は将軍宣下の祝いのときと同じく、白木の三方に長熨斗、つづく本膳は三汁九菜だった。三汁九菜という献立は、五五三などの式正料理に次ぐもので、三汁九菜が出されたのは、琉球の王子への振る舞いと、菩提寺福昌寺や大乗院へのもてなしなどにしかなく、いかに若君誕生の祝いに力を入れていたかがわかるというものである。

菓子は、餅菓子として砂糖を添えた草あん餅、饅頭、羊羹、茶菓子には山椒餅、川茸、水栗、後菓子にはあるへいとう、葛せんべい、かすていら、枝柿、龍眼の五種だった。

そして、能が催された。能の間にも料理や菓子が出される。このときは、焼き鳥などの肴、ぜんまいやくわいの煮しめ、再び餅菓子としてういろう餅、笹巻、うちわ餅、名酒として泡盛に砂糖、吸物、そして冷盆として砂糖漬が出された。冷盆とは、中国料理の冷盤という前菜を盛ったものと思われる。台湾と近かった琉球との交流によって、中国風の食べ物や様式が伝えられたのだろう。

将軍家の祝儀には、いずれもレベルの高い料理が用意され、饗応からも忠誠をつくしていることを示していた。

献上品

幕藩体制がととのって、世の中が安泰となった頃から、大名たちは国元の産物などを折にふれて献上するようになった。これを時献上といったが、食品が献上されるようになったのは吉宗時代の享保三年（一七一八）のことである。『武鑑』から引用しよう。

享保三年、吉貴時代の鹿児島藩の献上食品は、するめ、琉球布、琉球泡盛、串あわびだった。琉球の産物が多いのは、江戸で珍重されていたのだろう。

しかし、宝暦十二年（一七六二）になると、正月の献上には鏡餅・菱餅、一月七日には生鯛、二月のするめ・昆布・御樽（酒）、四月の丸のし・香餅・寿帯香・龍延香・長寿大皮香、暑中見舞いには琉球布・砂糖漬天門冬・赤貝塩辛・泡盛酒、七月には黄金、七月十五日には蓮飯・刺鯖、八月には国元の干肴、九月は干あわび・干魚、十一月は琉球いりこ（なまこの干物）・琉球つむぎ・七島鰹節、十二月は桜島みかん・焼鮎、帰国御礼には琉球芭蕉布というように、ほぼ毎月献上物が贈られた。これは、藩の大小によって差があるものの、家格の同じような藩では献上の回数はほぼ同じだった。

これらの献上物のうち、琉球の産物である琉球布・琉球いりこ・琉球つむぎ・琉球芭蕉布・泡盛酒・七島鰹節、そして中国風の香餅・寿帯香・龍延香・長寿大皮香などは、もちろん他藩にはみられないものである。寿帯香・龍延香・長寿大皮香は香料だろうか。鹿児島のみかんが記録に初見されるのは、寛文七年（一六六七）領国のみかんとしてである。そして桜島みかんと出るのは、寛文九年（一六六九）のことで、名物桜島みかんは江戸初期からの産物だった。

第四章　二十五代重豪の食と暮らし

重豪は、島津家の歴代藩主の中でもとくに開化政策をとったことで知られている。それは、彼の資質によるところが大きい。善次郎（のちの重豪）は、出生したその日に生母都美を亡くした。生母は垂水島津家の娘で、藩主重年とは従姉弟同士にあたる。その頃の島津家は、二十三代藩主宗信を家督相続後わずか三年、二十二歳で亡くし、つづく二十四代藩主重年も家督相続後六年、二十七歳で亡くなるというように、相次いで藩主の不幸に見舞われていた。宗信が死去したとき嫡子がなかったため、弟の重年が加治木島津家を出て、宗家を継ぐことになった。したがって、実父重年のあとをうけて、善次郎はわずか五歳で加治木島津家を継いだのであった。

重年には持病があり、しかも宗信と同様嫡子がなかったため、重年の子善次郎を後継にと考えていた。しかし、善次郎が大名の子ではないという点で、幕府への嫡子願いを出すのをためらったのだが、まずは仮養子願いとして届け出た。重年の予感は不幸にも的中し、そこで善次郎があとを継ぐことになったのである。

幼くして母を亡くし、江戸へ向かった善次郎だったが、そこで母代わりの竹姫（のちの浄岸院）と出会うことになる。これが、善次郎のその後に大きな影響を及ぼすこととなった。

江戸屋敷の暮らしと食

江戸における島津家の記録は、『中奥日記』（東大史料編纂所蔵）および『日帳抜書』がある。『中奥日記』は、江戸上屋敷の日記で、中奥とは、公務をつかさどる「表」に対して奥方やこどもたちの暮らす私的な場を「奥」、大藩では殿様の暮らす場所を「中奥」と区別していた。『中奥日記』は、宝暦四年（一七五四）から明和七年（一七七〇）までがあって、二十二代継豊と竹姫、二十四代重年および二十五代重豪の時代のことが記されている。

一方の『日帳抜書』は、明和四年（一七六七）一月から二月にかけての御守殿の記録である。御守殿とは、三位以上の貴人の住む場所のことをいい、島津家の場合、将軍家から嫁いできた竹姫（のちに浄岸院）の住まいとして新しく建てられたもので、竹姫と竹姫についてきた上臈以下側女中たちの住まいだった。竹姫は、宝暦十年（一七六〇）に夫継豊を亡くして以後浄岸院を号しており、『日帳抜書』の書かれた明和四年には、浄岸院六十三歳だった。

まず、『中奥日記』（以下『日記』とする）からみよう。

『日記』には、上屋敷の中奥と竹姫（浄岸院）の住んでいた御守殿のことが記されている。これとは別に、奥日記があったらしいが、奥についての記事は少ない。島津家では、奥のことを「大奥」と記している場合がある。ふつう、「大奥」とは江戸城の奥のことをいう。しかし、大藩だったからだろうか。

当時の島津家江戸屋敷は、享保十四年（一七二九）、将軍家から嫁いできて二十数年たっていた竹姫が、二十五代重豪の教育をはじめ、いろいろな面にわたり影響力を発揮していた。

『日記』のはじまる宝暦四年といえば、島津家の江戸屋敷には、隠居した五十三歳の継豊、五十歳の竹姫とその娘二十二歳の菊姫、二十四代藩主重年二十六歳、重年の後室二十歳といった人々がいた。そこへ嫡子となる善次郎が江戸へのぼったのである。

島津重豪像（島津忠承氏蔵）

竹姫は、常に別格に扱われていた。例えば、『日記』の記述の順序は竹姫からはじまり、藩主はその次である。竹姫が島津家へ入ったことで、江戸城すなわち将軍家との係わりが深くなった。

年中行事でみると、新年の鏡餅や七日の七草、三月三日の上巳、五月五日の端午、六月の土用、暑中、六月十六日の嘉祥、九月九日の重陽、十月の玄猪の餅、寒中、歳暮などの折々に見舞いやお城から拝領物があった。そして、そのつど返礼のために表使い（女性）が登城し、城内で料理を頂戴することもあった。いただいた拝領物は、食べ物の場合には表、中奥、奥へとそれぞれおすそ分けされ、島津家一同でありがたく頂戴するだけでなく、親戚へも吹聴するならわしだった。

儀礼では浄岸院の引っ越し祝い、有卦祝い、重豪の室保姫の病気見舞い、参勤交代のときの発駕祝いなどにお城から拝領物が遣わされた。これに対して、公方様（将軍）やその奥方（みだいどころ）をはじめ、御簾中たちへの儀礼も欠かせず、それ以外にも内々での「内證……」と書かれた献上物もある。物入りなことだった。

しかし、反対に無心をしたこともある。宝暦十二年、島津家の江戸上屋敷が類焼し、御守殿および中奥が焼けたときには、浄岸院（竹姫）がお城へ願い出た「類焼ニ付二万両拝借」が了承されたこともあった。また、お城の上臈松嶋様を島津邸で開かれた歌舞伎に招待し一泊したりと、かなり親密な交際ぶりがみられる。竹姫の娘菊姫にも特別なはからいがあった。例えば、竹姫とともに江戸城への登城が許され、折りにふれて拝領物があった。これらはすべて御守殿を通して中奥へ連絡があった。

次に、重豪の幼少期・青年期について述べよう。

嫡子善次郎（のちの重豪）が江戸へ着いたのは、宝暦四年七月二十二日、このとき、善次郎九歳だった。式三献と祝いの膳が用意された。翌日、竹姫の住まいだった御守殿にお城から上使が来たが、まだ正式に嫡子としての許可がおりる前だったので、上使には会わずじまいだった。

八月四日、ようやく嫡子として認められたという奉書が届いた、そこで、善次郎という幼名から島津家代々の又三郎に名替をし、お広めの祝儀が行われた。式三献と祝いの膳、御守殿はじめ中奥全員に酒、肴などが振る舞われた。そして同月十二日、又三郎から返礼の祝宴が催された。めでたい日であるから、能が行われた。まだ九歳の又三郎にとっては、初めての能観賞だったかもしれない。翌八月十三日には、又三郎は初めて芝神明とお庭の三社へお参りしている。十五日は三田八幡の祭礼が行われたので、田町屋敷へ行って祭礼を見物した。

明和六年、藩主重豪が参勤で発駕するときには、お城よりおこわと煮しめが贈られた。これも、重豪の親代わりだった浄岸院に対する特別な配慮だろう。

宝暦十二年、重豪は徳川刑部卿宗尹（一橋家）の娘保姫と結婚した。重豪十七歳、保姫十六歳だった。食べ物ではないが、この婚礼のときの衣装をみよう。同年十月の『日記』には、婚礼当日の御召物として次のように書かれている。

一　白綾幸菱御小袖
一　白りんず御小袖
一　紅ねり御小袖
一　地赤御小袖
一　地黒御小袖

一　御下召御小袖
一　白綾幸菱御帯
一　紅幸菱御帯
一　白繻子縫入御帯

また、側女中たちの当日の服装も決められて、支給された。御年寄は地赤小袖、白綾幸菱小袖など、表使・若女中には地黒りんず小袖、白綾幸菱小袖など、御次には模様小袖、飛さあやかのこ入小袖など、御かん所（台所）には花色模様小袖というようだった。

結婚の翌年、長女悟姫が生まれたのだが、満一歳を待たずに亡くなった。

保姫の着帯についての記事が二度ある。二度目は浄岸院から下された、のし、お茶、雑煮、吸物、銚子および料理で祝った。しかし、いずれも流産し、とくに明和六年、二度目の流産の予後が悪く、そのために亡くなってしまった。

二度目の着帯が行われたのは、同年五月二十三日だった。八月十九日には重豪は国元へ発駕した。しばしの別れをいとおしむように、この頃には毎夜のように「お前様（保姫）夜に入、表へ御入りあそばされ候」と記されている。江戸城では、奥方が表の将軍のところへ行くことはなかったらしいが、保姫の場合、多いときにはほとんど毎日中奥の殿様のもとへ出向いている。

保姫が流産したのは、重豪が国元へ出立した一週間後の八月二十六日。九月三日には、旅の途中、保姫の様子を気遣って、江尻から飛脚が着いた。江戸からも重豪へ飛脚を発たせた。九月十六日には、予後があまりよくないにもかかわらず内々の快気祝い、二十一日には再び正式の快気祝いが行われた。祝儀をして、元気づけようとしたようだ。その翌々日、たびたびひきつけを起こすようになった。飛脚が毎日のように行き来した。九月二十四日には、重豪は兵庫まで行っていた。しかし、危篤の知らせにつづき九月二十六日に死んだことが知らされても、江戸へ引き返すことは許されなかった。現在では考えられないことである。愛する妻を亡くしても、妻の亡骸よりさらに遠く国元へ帰らねばならなかった重豪の気持ちを考えると、心中察するに余りある。

医師たちは、保姫の病気の間、何ヵ月も付き添った。そのつど、かけあい料理が出されている。

年中行事についてみよう。

暮れの十二月八日には、年末の行事のひとつ針供養が行われているが、例年、呉服の間という仕立物専門のところで働く人たちへ酒と取肴が用意された。この日、事納めでもあり、中奥の全員には酒と肴が用意された。

『日帳抜書』は、明和四年正月五日、同十三日、同十五日、同廿一日、同廿五日、二月十八日、同廿五日の七回分の饗応の記録であるが、ちょうど時期的に『日記』と重複しているので、正月五日と二月廿五日の記事を比較してみる。正月五日は、『日記』には「浄岸院様、表御休息所へ御入りあそばされ、お前様（奥様）にも御入り、浄岸院様、御二所様（重豪と奥様）御寄り合いにて、式三献、御土器御雑煮、御ふくさ雑煮あがり、それより御休息所にてお囃子御覧……夜に入り、浄岸院様御夜長（夜食）召し上がり、夜五ツ（二〇時）過ぎ御立ち」とある。このときの『日帳抜書』には、次のようにある。食べ物に関する部分を記す。

一　御喰積　御中奥調えにて上る　もち
一　式三献　上る　くしこ
一　長柄の御銚子　提子上る
土器御皿　数の子　土器輪あり　くし貝
御雑煮　長芋
□□□
右同御皿　漬大根　昆布
大□し
但し、御盛替椀雑煮　御拭之盤にて常の御箸　小皿に数の子、漬大根、御盛□　御膳共に引替上る
一　御指身　鯛

はし酢
御盃
一　筒の御銚子
一　御吸物　鯛　ひれ
一　塗三方御盃　土器
一　同　挟肴　するめ
一　筒の御銚子
一　御取肴　ふのやき
染あわび
一　御菓子　かるかん
右
浄岸院様
太守様、御前様御寄り合い
一　御守殿御供の御年寄四人へ、式三献。長柄の御銚子、土器雑煮、皿付さしみ、吸物、塗三方土器
盃、同挟肴、□□、数の子出る
若年寄衆両人へ、土器雑煮、さしみ、吸物、出る。

以上六人へ□□共々盛替椀雑煮出る。

一　御前様御供の人数へは何も出さず。

一　御守殿御供の御寄衆、若年寄衆へ出す取肴左の通り

一　ぶりさしみ　　一　染あわび

一　酢ごぼう　　一　数の子

一　染玉子

正月のメニューは、大体このようなものだったらしい。鹿児島銘菓かるかんは、正月というハレの日に出される菓子だった。そして、お供の者へは御守殿からついてきた供だけに料理が出され、奥からきた奥様の供へは何も出ないというように、側女中までが別扱いだった。料理が終わって、お囃子があった。そのときにはまた二汁三菜吸物が出た。

次に、二月廿五日の『日記』には「御表にて御能御座候につき、浄岸院様へ夕御膳表にて上り候」とある。一方『日帳抜書』には、松平大学頭様が来られ、御茶屋で唐御料理を差し上げたとある。唐御料理のメニューをみると、中国風料理である。これを召し上がられたのは、松平大学頭、太守様（重豪）と数人だった。このとき、重豪二十三歳だった。重豪の異国好みについては、後にふれたい。

お城より拝領した鶴を料理する「鶴のひらき」は国元だけでなく、宝暦五年江戸屋敷中奥、明和四年および同五年には浄岸院の住む御守殿で行われた記録がある。鶴の拝領は、江戸からはるばる国元まで大々

的に運ばれた。箱の寸法も決められていた。「お鶴様」といったところである。当然、塩漬の鶴だった。この鶴を国元で切り身にして分け、その一部は再び江戸まで運ばれたようだ。明和五年二月二十八日の『日記』には、「旧冬、御拝領あそばされ候につき、御国元より御取り分け進められ候。御使者にて進められ候」とある。

「鶴のひらき」の規式は、御守殿の場合は二汁六菜だったが、女性の住まいだからか菓子の種類が多い。明和頃の「鶴のひらき」を、寛文・延宝頃の鹿児島でのそれと比べると、前者では三汁七菜、引て、茶菓子、後菓子、後段とかなりの御馳走だったが、明和四年には簡略になっている。時代の変化だろうか。しかし、「鶴のひらき」は、中奥、御守殿別々に行われた。そして、いずれの場合も祝い膳の一の汁は鶴だった。

このほか、奥方が拝領した雁のひらきや太守拝領のひばりのひらきもあった。

竹姫は、よく能やお囃子、浄るりなどをたのしんだ。前にふれたように、善次郎（のちの重豪）が初めて江戸へ出てきて嫡子として認められたときの祝いや、家督祝儀などのめでたいときには必ずといってよいほど能が行われた。

能は、わが国の中世からの伝統芸能のひとつで、南北朝から室町末期にかけて能の前身である猿楽の多くの座が活躍した。当時の将軍足利義満の庇護のもとで、観阿弥・世阿弥父子がその芸術性を高めたといわれている。その後、江戸時代になっても幕府の式楽として保護されたので、大名家では能を学ぶことが必須だった。観賞するだけでなく、自分で演じなければならない場合もあって、大名たちは能の稽古に励んだのである。江戸城でも、将軍の代替りの祝いである将軍宣下などの大々的な祝いのときに、能が催された。また、町入り能も行われた。町入り能とは、江戸城の本丸大書院南庭の舞台で演じられた能の初日だけ、町人の陪観を許したのである。その日、町名主など二〇〇〇人以上が招かれたという。こうして、能は次第に町人階級へも広がっていった。

竹姫は能が好きだったようで、御守殿で何回も能を行っている。宝暦六年（一七五六）八月、重豪は竹姫の住む御守殿へいき、御茶屋で能と狂言をみた。このように竹姫の影響もあって、能に深い関心をよせるようになったらしい。宝暦十一年（一七六一）、重豪十六歳のときには「羽衣」を演じ、翌十二年の正月には「宝生大夫を召して親しく翁舞を受く」とあり、師を招いて本格的な能の稽古が行われていたことがわかる。この年、結婚していた重豪は、新妻にみずから舞った能をみせたようだ。

明和元年（一七六四）八月には、新しく表につくられた能舞台の披露があった。このとき重豪は「翁」を演じたとある。この頃から能の回数は急に増え、国元に帰国しているときも上京後の能の演目を飛脚に託している。能は国元でも行われた。明和二年十二月、午前六時から翌日の午前六時まで、ぶっとおしで能二十番、狂言十番を催した。明和四年には「乱」、同六年には「望月」を伝授されたともある。

竹姫の娘、菊姫も浄瑠璃や踊りが好きだったとみえ、田町の屋敷へ楽師を招いたり、表で浄瑠璃を聞くという記事も多い。このほか、謡や番ばやし、座頭三味線、座頭胡弓、楊弓、琵琶、河東浄瑠璃、半太夫ぶし、操り人形などもたのしんだ。浄岸院（竹姫）は河東浄瑠璃が好きだったのか、河東を招いたのはすべて浄岸院だった。

宝暦十四年には、「国元より座頭召し……」ともある。鹿児島からはるばる芸人を上京させることもあったらしい。このような余興のときには、御馳走が用意されることが多かった。また、琉球の人たちが参府したときには、琉球音楽の工工四（クンクンシー）もたのしんだ。

明和三年には、お屋敷へ歌舞伎を招いた。また同五年には歌舞伎の名優七世中村勘三郎を召して、庭で演じさせたりしている。当時の歌舞伎は、中村、市村、守田など江戸三座といわれた常設の劇場で催すほかに、江戸城をはじめとして大名家へ招かれることも多かった。

江戸屋敷の中奥および奥には、物見という通りに面して窓を設け、外の風景がみえる場所があった。物見がつくられているのは、大名家など高貴な人の場合だった。ここへ入るのは、外出もままならなかった奥方たちが花火見物をしたり、くつろぐためだった。殿様の参勤での江戸到着をみたこともある。物見では、夕食をすることもあったし、菓子や果物などのおやつが出されることが多かった。

浄岸院の帰国

浄岸院は、明和九年（一七七二）十二月五日、江戸で亡くなった。その遺骸が、江戸から下ったときの記録がある。正妻だった浄岸院は、婚礼も江戸で行われたし、生前お国入りをすることはなかったが、死後初めてのお国入りとなった。六十八歳だった。

翌年の正月十九日夜、一行の行列は備中矢掛の本陣石井源二郎方へ止宿した。「御尊骸」とある。記録をみよう。

正月六日、矢掛の御郡奉行高橋惣左衛門がやってきて、途中の家々の傷んでいるところを残らず繕うように命じた。本陣石井家には、御尊骸を置く場所として、上段の床の内張、上段の間、広間、三の間、大玄関のすべての畳を替え、玄関まわりの表通りの壁を塗るように命じた。このときの本陣や下宿した者、供の者などの食事は、岡山の庭瀬藩から料理人がやってくることになった。

人足の数は二二〇〇人ほど、馬一二〇疋などの手配もした。献立の記録は庭瀬藩で行ったらしく、石井家にはない。

このような大々的な準備をしたのは、やはり将軍家から嫁いできた人だからであろう。御奉行などの宿泊とは、比ぶべくもないほどである。

重豪のしっぽく料理

日本人で最初にしっぽく料理を食べたのは誰だろうかという疑問をもって調べていくうちに、島津重豪が大きな位置を占めていることがわかってきた。

しっぽく（卓袱）料理とは、卓すなわちテーブル、袱すなわちテーブルクロスを用いて供される料理のことである。こうした風習は、現在では当たり前のことになっているけれど、江戸時代には畳の上に、お膳で出されるのが普通だったので、テーブルというのは当時は異国風のものだった。

しっぽく料理の内容は中国風で、日本で最初にそれが紹介されたのは、元禄十年（一六九七）刊の『和漢精進料理抄』にある「唐の部　普茶」だった。普茶というのは、精進のしっぽく料理のことで、寺院で盛んに行われていた。これが、後年に出版された『普茶料理抄』の底本になっている。寺院は中国の影響がきわめて大きい。したがって、しっぽく料理、普茶料理ともに中国風から伝えられた料理が中心となっている。

さて、わが国のしっぽく料理に話をもどそう。

『喜遊笑覧』（一八五三年刊）には、「食卓料理」とあって、しっぽくとカナがふってある。つづいて「しっぽく料理は、享保年中（一七一六～三五）、京師下河原に佐野屋嘉兵衛というもの、長崎より移り住みて、大椀十二の食卓を始む」とある。やはり、しっぽく料理は大陸と交流の多かった長崎からはじまっていた。さらに、素材や食器は中国風をまねてはいるが、獣肉を用いず、魚鳥が主であるとも記されている。京都のしっぽく料理は、日本風にアレンジされたものだった。

このような流れのなか、島津重豪の記録がはじまる。宝暦十二年（一七六二）、鹿児島で町田主計へ一二碗のしっぽく料理を下された。重豪は、このほかにも翌宝暦十三年に五回、さらに寛政元年（一七九八）までに九回としっぽく料理をよく食べた。重豪がしっぽく料理を食べたという記録を年齢別にみると、十七歳のときは一回だったのが、十八歳では五回、二十一歳一回、二十二歳一回、二十六歳一回、二十七歳二回、二十八歳一回、三十三歳二回、四十四歳一回、八十歳一回となっていて、若い十代に多いことがわかる。

重豪がなぜこのように異国風の料理を好んだかについては、異文化への関心の強さと考えられる。そして、そのきっかけは琉球との交流だったように思える。日本とは異なる学問や風俗、習慣、食べ物などのすべてに興味を示し、これが後の蘭学志向へとつながっていくのである。

しっぽく料理について紹介された本、すなわち『新撰卓袱会席趣向帳』（一七七一年刊）や『卓子式』（一七七八年刊）、『清俗紀聞』（一七九九年刊）、『料理早指南』（一八〇二年刊）、『料理簡便集』（一八〇六年刊）などが出されたのは、ちょうどこの頃のことである。

ただ、『新撰卓袱会席趣向帳』やのちに出た『江戸流行料理通』四編（一八三三年刊）などは、食卓や器などは中国風だったけれども、料理の内容はまったく和風だった。京都の佐野屋の流れかもしれない。例えば、『料理通』にある「豚煮」とは車海老、ゆば、ぎんなん、きくらげ、新ごぼうと豚は使われていないし、「豚あえ」という料理も大あわびを豚肉のように刻んで油でいためた、同じ大きさに切ったこんにゃくとともに下煮して、生姜入りの南蛮みそであえたものである。

これに対して、重豪の食べたしっぽく料理は本格的なものだった。一例として、宝暦末頃の『重豪公舊父江唐御料理被下候献立』と題するものを紹介しよう。

正月廿六日

小碟　みそ漬大根

小碟　醤油

小碟　なら漬瓜

地紙　汁匕

地紙　角箸

地紙　盃　小皿

小碟　百本漬

小碟　酢

小碟　刀豆

初段　大碗四

一　豚南蛮　大根

ねぎ

一　赤はんぺん　松茸

たけのこ

山芋

『江戸流行料理通』４編より「長崎丸山において
清客卓子（しっぽく）料理を催す図」

一　海鼠
　　海粉
　　氷こんにゃく
　　生きのこ
　　つと麸
　　赤玉子
一　天不ら焼　木くらげ
　　くわい
一　点心　鶏卵こう
　　近衛かん
　　芋あん餅
一　湯　片にし
　　みつば
二段　宮碗四
一　海老　舞茸　午房　青昆布　人参
一　大貝　あわび　赤貝　にし　はまぐり
一　塩鴨　小かぶ　うど　松露　海粉

一　朧とうふ　葛たまり　青粉
　　　　　　　　　　　薯蕷粉
　　　　　　　　　　山吹玉子
　　一　点心　花こう
　　　　　　羊羹
　　　　　　揚まんじゅう
　　一　湯　花いか
　　　　　春菊
　　二段　鉢四
一　鯛附揚　山芋　蓮根　人参　ふきのとう
一　蒸焼鰤　ふのやき玉子　揚しめ豆腐
　　　　　鯛の子
一　湯引物　石鯛　銀砂　氷ふとう　川高菜
　　一　食
　　一　湯　小海老
　　　　　白糸芋

東海盆

一　からすみ　　一　かずの子

一　小くし鯛　　一　焼きいか

一　赤貝　　一　すうど

一　冬瓜漬　　一　生姜漬

一　氷砂糖

取肴　　一　ぶり色付焼

一　しめいたら貝

一　おやしひたし物

一　硯ぶた　木の葉かれい

粕漬鯛

九年母

小海老

いりぎんなん

一　鉢取肴　こが焼玉子

一　吸物　しんじょ

ふき
一　右同　　鯛の子
　　　　　　みつば

豚南蛮や天ぷら、なまこの干物の料理、点心や湯（スープ）など中国料理らしいものがたくさんある一方で、初段の鶏卵こう（蒸かすてら）や東海盆は琉球のもの、そして硯ぶたは和風のものと、しっぽく料理はまさに折衷料理である。

島津家の中国風料理は、すでに一六〇〇年代からあった。『御献立留』にある素材でみると、えんす（燕巣）や唐くらげ、ふかひれ、さんにん、西国米などが和風献立によく使われた。えんすはかき鯛（えんす、くらげ、花ふし、葉みかん、わさび）や刺身（鯉、ひさ、えんす）煮あえ、杉焼などに、唐くらげは酒ひて（一塩鯛、一塩蚫、唐くらげ、よりふし、きんかん）などに、ふかひれはあえまぜ（するめ、のし、ふかひれ、くりはし）やなます（一塩鯛、一塩蚫、ふかのひれ、葉生姜、きんかん）などに使われている。

食具の東海盆は琉球の産物で、酒の肴などを盛りあわせるための容器である。珍しいものだったから、江戸城への献上品にもよく使われた。

このように、島津家の和風献立は独特で、大きく中国料理の影響を受けている。やはり、琉球の影響が大きかったといえる。

時代は下って、寛政元年（一七八九）斉宣の初入国の記録には、「なんばん煮」というものが出てくる。材料は鴨、ねぎ、くき菜といったものだが、このような名の料理が出されたのも、父重豪の影響のように思える。

琉球の使節

琉球の使節は、徳川将軍および自国の国王の代替わりのとき、島津家とともに江戸へ参府した。これを「江戸上り」という。

明和元年（一七六四）十一月四日、琉球の使節が江戸へ着いた。このときは、九代将軍家重が世子家治に将軍職をゆずった代替わりの慶賀使だった。鹿児島を発ったのは、八月二十三日。この年の一行の人数は記されていないが、宝永七年（一七一〇）の場合は、惣数一四七人とある。八ツ（午後二時）過ぎに、江戸へ到着した。重豪と奥方はお屋敷の物見から、於薫（島津家の親戚）は島津家の田町屋敷から行列を見物した。それは、幕府や島津家が琉球の使節に対して、中国風の服装を義務付けていたため、珍しかったからである。大勢を連れての参府に対して、お城から島津家へ米二〇〇〇俵が下された。

十一月十五日、無事の到着を祝って、琉球側から島津家へ御膳を献上した。お屋敷内の大書院では、座楽が行われた。殿様はもちろん、浄岸院様、奥様、於薫は娘於苗を連れて、すだれの中から見物した。また、奥の御目見え以上の女中も拝見した。

十一月二十一日、殿様は琉球の使節一行を連れて登城した。再度の登城は二十五日で、このときは琉球音楽を演奏した。

十二月三日、一連の行事がとどこおりなく終わったことの謝意をこめて、琉球側から島津家へ再び御膳を差し上げた。翌々日の五日、島津家側から琉球側へ料理が下された。能が催され、琉球座楽も行われた。翌六日には、一行へ操り人形をみせたりした。そして、使節一行の出立は十二月十一日だった。

江戸滞在約一ヵ月、琉球の出発から帰着までは約七ヵ月、一〇〇人をこえる人々の移動、これに要した費用などを考えると、本当に驚かされる。

重豪と琉球料理

琉球の人々との交流にともなう饗応の記録は、江戸初期の延宝頃からのものがあるが、それは、島津家側の提供したもので、内容的には、猪や鹿などの獣肉が多く用いられているほかは、日本風の様式や料理だった。それが、重豪の時代になると、琉球風というか中国風のものがみられるようになる。

安永二年（一七七二）十二月二十三日および翌三年（推定）一月十八日、国元で琉球の人たちとの会合のため、重豪自身が琉球仮屋へ行ったときの献立がある。藩主自身が二度も出向くのは、珍しいことだ。そのときの料理の前半はしっぽく風で、琉球から連れてきた包丁人がつくり、後半の夜食は和風の本膳風で、島津家側の包丁人がつくった。献立は次のようなものだった。

小碟　赤漬筍　　小碟　奈良漬
小碟　酢　　　　小碟　醤油
小碟　赤漬蓮根　小碟　地漬大根

初段大碗

一　燕巣　えび　赤玉子
　　　　　海粉　地漬大根
一　金華豚　えび　筍　赤線豆腐皮
一　魚翅　薯蕷　清水苔　赤玉子
　　　　　筋肉　海粉　石皮明
一　雈　線ごぼう　紅梅卵
　　　　　舞茸　海粉　わらび

一　点心　葛饅頭
　　　　　鶏卵こう
一　湯　緑豆こう
　　　　　胡椒

二段

一　魚餅　　摺肉　　蓮根
　　　　　海粉　　芹
一　蒸豚　　海粉　　からし
　　　　　　　　　　　粗
一　海鼠葛煮　赤蛋　　薯蕷粉
　　　　　花生　　黄粉　　海粉
一　鴒　　大根　　緑薑
　　　　　葱
　一　点心　　炒米こう
　　　　　丁字かん
　　　　　泡糖
　一　湯　　銀魚
　　　　　土筆
　　　三段　鉢
一　椿餅　　一　李餅　　一　花生紅
一　氷砂糖　　一　平貝　　一　染烏賊

一　砂糖漬冬瓜　一　鳥攪　一　焼鳩
一　□蜜漬　一　□渣　一　白粕漬鲂
御夜食
御皿　□□鯛　御汁　赤みそ
白髪うど
しそ
香の物　みの原漬
甘漬なす
粕漬瓜
御糸目　和麸
花ふし
御二
御盃　生小鮎　御汁　寒塩鶴
重いのこ　赤のこ
□んにんいも　みそす
松露

水山椒
御猪口　梅ひしお
同　にん
御三
御大皿　小かわ鯛　　　　御猪口　いり酒
巻からすみ
鯉山吹あえ
黒くらげ
坊風
わさび
改敷　紅梅
□たで
御引落
御大盃　一塩鯛薄身
糸はんぺん
まいたけ

赤みる
御引物　かまぼこ
天草いわし
御肴　あわび酒焼
杉ようじ
結いか
土筆
御菓子　沢辺かん
秋山もち
御間菓子　まされかん
山吹まんじゅう
干菓子色々
御後段
御皿　花ふし　御吸物　蛎
焼のり　めうど
ちんぴ　御肴　酢浸かれい

おろし大根　　　　針生姜
紅きり
御猪口　しぼり汁
一　間之御吸物　花わ鯛
木の芽
一　御吸物　みそ
葛たたき
そうめん
一　御中皿　花あわび
赤貝
たで　三杯酢
一　御吸物　はんぺん
清水のり
若はじかみ
御立前
御菓子　きぬた巻

琉球の人たちに出された料理をみると、赤漬筍、赤漬蓮根、赤玉子、花生紅など、現在でも中国料理に出てくるし、金華豚や魚翅（ふかのひれ）、海鼠（なまこの干物）など中国料理の素材がたくさん使われている。

菓子では、鶏卵こうは琉球王朝の伝統菓子として、今でも沖縄銘菓のひとつだし、泡糖とは、日本のかるめらのことである。また、砂糖漬、蜜漬なども中国風のものである。

重豪以外の藩主の記録には、しっぽく料理や琉球料理はみられない。ということは、重豪は食べ物の点でも異国に対して関心が高かったことが明らかである。

オランダへの関心とオランダ料理

重豪は異国の文化に強く関心をよせていた。

重豪が家督相続をしたのは、宝暦五年（一七五五）七月廿七日のことであるが、その少し前の同年三月十一日、『日記』には「又三郎様オランダ人御覧」という記事がある。これは、田町にあった島津家の屋敷で、長崎の出島から江戸参府にきていたオランダ人の出立をみたものだった。おそらく初めての西欧人との出会いだったに違いない。又三郎十歳のことだった。このとき、西洋の国に興味をひかれた善次郎は、その後オランダに傾注していく。明和六年（一七六九）三月二十四日にも、麻布にあった島津家江戸上屋敷の中奥の物見から、浄岸院、重豪、奥方の三人でオランダ人の行列を見物した。重豪二十四歳のことである。

これより五年前の明和元年頃から、ビイドロ花生、翌年には紅毛鏡、オランダ砂糖漬、明和三年には鹿児島から上京してきた家老の土産の中にオランダフラスコを御守殿へ、三田の島津淡路守へは紅毛きせる、その妻於薫へは紅毛絵鏡、明和四年にはオランダ人の書いた字を於薫へ、明和六年にはオランダ人からもらった菓子、明和七年には紅毛硯などの品々が日記中にある。ちなみに、紅毛とはオランダを意味する語で、南蛮（主にポルトガル）と区別するために使われていた。重豪は十代の後半頃から、異国とくに西欧に目を向けていた。しっぽく料理をよく食べたのもこの頃である。

明和八年、重豪は一度だけという幕府の許しをえて、長崎に立ち寄っている。そして、出島のオランダ商館を見学したり、オランダ船に試乗したりした。すでにその頃には、オランダ語にも通じていたのか、その後オランダ商館長やシーボルトなどとも親交があったというように、オランダとの関係が深まっていった。

江戸では、オランダ商館長やオランダ通詞からかなりの知識を得ていたようだ。オランダ語も学び、オランダ通詞本木良永の翻訳書を校訂・共訳したり、自身も地理書『和蘭地図概説』や天文書『太陽距離暦解』の校訂、『新増万国地名考』『万国地名考』『東西両半球図』『和蘭航海略記』など、当時としては驚くべき知識欲である。

また、天明五年（一七八五）、重豪は将軍家治が内大臣から右大臣に昇格したときの祝宴に、老中水野忠友以下を島津家江戸上屋敷に招いた。その招待者の中には、幕府の奥医師桂川甫周がいた。桂川家は、代々将軍家の侍医をつとめていた。甫周の孫六代甫賢（一七九七～一八四四年）は医と食が不可分だということをよく心得ていた。彼は、オランダ料理についていくつも書き残しているが、それは「日本人の体格を改めるには、西洋流の食物をとることが必要である」という考えにもとづいており、すでに江戸時代から栄養改善の考え方を示唆している。このように、医学を志した人たちは、オランダから多くのことを学び、それが少しずつではあったが、日本人の生活へ浸透しはじめていった。

次に、オランダ商館の人々と重豪公の関係についてふれよう。

『長崎オランダ商館の日記』には、オランダ側も重豪には一目おいていたらしく、島津邸の前では、とくに籠を止めてすだれを上げ挨拶をしたと記されている。

では、重豪がオランダの料理を食べる機会はあったのだろうか。これについての記録は残っていないが、蘭学を学ぶ同志たちは、オランダ商館の人たちが祝っていた太陽暦の正月、すなわち旧暦の十一月の正月を自分たちも行っていた。そこでは、オランダの料理が出されていた。したがって、重豪も食べていたに違いない。

江戸時代のしっぽく料理の書に『卓子菜単』（明和～寛政頃）がある。卓子とはしっぽく、菜単とはメニューのことをさす。内容は、卓子料理と精進の普茶料理の献立の記録で、『割烹余録』と酷似している。この中に、「鹿児島侯饗宮川侯卓子式」という事例がある。明和から寛政にかけての鹿児島侯といえば、重豪のことである。この内容は、天明五年に大槻玄沢が食べたメニューとほぼ同じである。となると、このときの料理を大槻玄沢と重豪が一緒に食べた可能性もある。

年はよくわからないが『阿蘭陀料理』（東北大学狩野文庫蔵）という献立記録がある。内容について概要を現代文にして紹介しよう。「阿蘭陀料理煮法」として、次のような料理が記載されている。

パスティ（肉かまぼこ）
ビスコイトこしらえ様
パンこしらえ様
汁こしらえ様
蒸焼仕方
ケレーフトソップ（伊勢海老かまぼこ）
ゲコークトヒス（魚塩煮）
ゲブラードハルク（いり豚）
ゲブラードフウンドル（いり鶏）
ゲブラードヱントホーゴル（いり鷺）
ゲブラードウィルデエント（いり鴨）
ゲブラードレイストル（いり小鳥）

コテレットハンフウンドル（紙焼鶏）
カルマナーチィハンハルク（焼豚）
スペイチィパーリンギ（焼うなぎ）
ゲストーフトヒス（蒸魚）
ゲストーフトラアプ（かぶ煮）
ゲストーフトゲールウォルトル（大根煮）
スピナージイ（菜料理）
ペールコムポット（梨砂糖煮）
ローイウェイン（赤ぶどう酒）
菓子
タルタ
ソイクルブロート
ヒロース
スペレッツ
スース
このうち、ゲブラードハルク（いり豚）は豚の片股を焼いたもの、ゲブラードフウンドル（いり鶏）は鶏の丸焼などと、本格的な洋風料理である。

そして、この内容は『阿蘭人日本渡海記・全』中にある「料理之事」という詳細なオランダ料理とそのつくり方を書いたものとかなり重複している。「料理之事」の著者や記された年代は、明和三年（一七六六）頃と推定されているが、「料理之事」や「阿蘭陀料理煮法」などの料理書がかなり残されていることは、その頃の日本人がオランダ料理を口にする機会があったことを示している。

重豪は、シーボルトとも会見した。長崎出島の商館の医師として日本へやってきた青年シーボルトは、鳴滝で塾をひらいた。彼の博識は医学だけでなく、諸学全般に及んだ。文政九年（一八二六）、商館長とともに江戸へ参府したとき、途中の各地で彼の教えを受けたいと希望する者が多数いたらしい。重豪もその一人だったという。この年の江戸参府の一四三日間に、つごう四回シーボルトと会っている。一回は孫の斉彬を同道した。このことがのちの斉彬公に大きな影響を与えたであろうことは、想像にかたくない。

次に、豊前中津藩の異国料理について述べよう。

重豪の二男、中津藩へ養子にいった奥平昌高も、父とともにシーボルトに会ったり、フレデリック・ヘンドリックというオランダ名をもらっていたほどで、自身でオランダ語の辞書を編纂したりした。父重豪よりも、もっと積極的だった。奥平昌高の家臣神谷源内は、藩主とともにオランダ名をもらっていて、オランダ料理をつくる技術も身につけていたらしい。『長崎オランダ商館日記』の文政元年（一八一八）の四月二十九日には、江戸へ参府していたオランダ商館の一行に対して、将軍家の医師と神谷および某商人の三人がつくったオランダ料理を届けたという。重豪の影響は、中津にまで広がっていった。

また、中津藩の外科医、田中信平（中国風に田信とも）は、天明七年に『卓子式』という日本で初めてのしっぽく料理の本を出版した。同じく田中信平の関係した『割烹余録』（年不詳）に、「紅毛卓子」という記事がある。直訳すれば、「オランダ風しっぽく」となる。内容は、オランダ正月料理と同じである。大皿に盛って出すところから、このような呼び名にしたと思われる。前述の「紅毛卓子」の前書きには、楊伯頌と田信平書（田中信平）とあって、田中信平が記録したものだろう。ひょっとすると、この献立を島津重豪と中津藩主奥平昌高親子が食べたのかもしれない。

オランダ料理としっぽく料理の違いは、前者のほうが日本で忌避されていた四つ足の動物をよく食べ、しかも丸のままというか足や股などの丸焼きといった料理が多いのに対し、後者ではほとんどが豚肉の切身の料理であって、オランダ料理の方が異国料理という感じがしたのではなかろうか。しかし、当時の日本人は、公には獣肉食をしていなかったので、いずれにしても遠い異国の味だったろう。

弓上覧・犬追物

『中城王子磯御屋敷江』と題した一連の文書の中に「宝暦三年（一七五三）十月十八日、弓御上覧、朝五ツ時御桟敷江御着座」というものがある。家臣が射る弓を殿様と琉球の中城王子が見物したらしい。朝五ツといえば、午前八時。かなり早いお出かけである。

白木の三方に盛塩を、そして引渡し、薄茶、たばこ、吸物、酒、さしみの順に出された。弓を射ている途中、白木の扇子形に菓子、白木のこの桶に煮しめなどが出された。菓子はあるへいとう、玉椿、まされかんの三種、この桶はかまぼこ、焼豆腐、かんぴょう、ふのやきの煮物、そして香の物だった。弓が終わってから出される膳は、会席料理で二汁三菜、茶菓子、後菓子、間菓子、夜食も二汁三菜と後段ほかだった。会席料理とは、本膳式を簡略にしたものである。会席料理がはじまったのは、この頃とされる。このときの間菓子に、かるかんが使われている。かるかんは琉球王子へも出された。用意した料理は六九人分とある。

十一月十三日、犬追物の上覧が行われた。犬追物については松尾千歳氏の研究があるので、一部引用させていただく。

犬追物は鎌倉時代にはじまったとされ、走る犬を騎馬で追い、矢で射るという故実である。矢で射るといって

正保3年桜田薩摩藩邸で行われた犬追物を描いた「桜田御邸射手立之図」
（尚古集成館蔵「犬追物図」三幅対より）

も、射殺するようなものではなく、先の丸い矢を使うという。江戸時代になってからは、犬追物を行っていたのは島津家だけとなっていたため、十九代光久の時代に三代将軍徳川家光を招いてこれを行ったことは、よく知られている。中城王子に犬追物をみせたときには、盛塩、ひれの吸物、酒、肴、菓子が出された。これは、いわば規式である。つづいて、御弁当が出された。御弁当といっても二の汁までがつく。献立を紹介しよう。

　　御弁当
御皿　一塩鯛　　　御汁　鴨
　　栗せん　　　　　大根
　　春梅海草　　　　ごぼう
　　穂たで　　　　　せり
　　　敷酢
　香の物　　　　　御飯
　　御二
御盃　はんぺん　　御汁　塩鯛
　　長芋　　　　　　清水のり
　　生松露　　　　　胡椒粉

くり□□
御小茶碗　柚子
だるま魚
大平皿　小鯛煮浸
くき菜
輪みかん
御菓子　干菓子色々

御弁当というのは、本膳形式からみると簡略だが、嘉永四年（一八五一）、斉彬公の時代に行われた犬追物のときの食事も御弁当だった。犬追物には御弁当と決まっていたのかもしれない。

江戸屋敷の火事

宝暦十二年（一七六二）二月、御守殿および表、中奥が全焼した。その様子を『日記』からみよう。

二月十六日昼八ツ時（午後二時）、芝馬町より出火にて、御守殿、表、中奥残らず御類焼。浄岸院様、高輪御屋敷へ御立のき遊され、御中奥春井殿はじめ惣女中、三田御屋敷（於薫の屋敷）へ御立のき申し候。

とある。このとき、重豪は国元にいた。

三田からは側女中の春井が高輪へ避難していた浄岸院様へ見舞いのため食籠を、家老は御重、惣女中は御樽（酒）をとどけた。江戸での菩提寺だった大円寺へも避難した者がいたのか、夜食がとどけられた。三田の於薫の屋敷では、急に大勢の人数となって不自由だったらしく、十八日には側女中たちは芝にあった島津家の御茶屋へ移っている。

類焼翌日の十七日には、御城から上使松平右京大夫によって浄岸院様へ賜り物がとどけられた。鹿児島県史旧記雑録には、「この節御類焼につき、差し当たり御入用金として、五千両ほどを物奉行に渡した」とあり、つづけて、公方様（十代将軍家治）より夜物とふとん入りの長持一竿、中屏風一双、御台様より炬燵・ふとん、湯かたびら、褥入り長持一竿などだった。さらに、十九日には公方様より塗重一重、御台様より呉服二重、帯二筋、食籠、添重、二十日にも公方様より台子、色りんず十反、色ちりめん十反、羽二重十疋、鯛一折がとどけられている。火事見舞いは、まず衣類や食べ物だった。

二十日に、また近所で火事があった。三田の於薫殿も惣女中たちも、焼け跡へ逃げたらしい。

二月二十三日には、「今日　太守様（重豪公）御名代淡路守様（佐土原藩主、於薫の夫）御登城あそばされ候処、このたび類焼につき、御金二万両御拝借おおせいで候旨、承知いたし候」とある。大金の借用を申し出たことに対する回答だった。火事からわずか一週間後のことで、やはり浄岸院に対してのはからいと思える。

その四日後の二十七日、女中たち二四人へ類焼見舞い金が渡された。二、三例をあげると、側女中の瀬川へは小判二七両、同川井へは小判一七両といった具合である。すごい金額だが、これも浄岸院ならではだろうか。見舞い金だけではない。殿様からは、側女中たちそれぞれへ反物が贈られた。

火事のあと、住まいが再建されて新しい所へ移ったのは同年十月一日。火事から八ヵ月後のことだった。したがって、火事の直後にすぐに再建の手配をしたようだ。その過程をみよう。閏四月十五日には休息所の上棟、七月一日には御茶屋にいた惣女中が中奥へ引移り、その日表より惣中へ酒、吸物、小付御重が振る舞われた。七月九日には中奥への引移り、そして引移り祝いが行われた。このときは、家老、御用人、御近習衆などへも酒、肴、吸物、小付などいろいろが用意された。八月二十一日、新しい門の通りぞめ、表への引移り、引移り祝いが行われた。台所などは火改めとして、新しい火が入れられた。この日、惣女中たちは式日どおりの服装だった。

式日とは、定められた儀式の日のことで、服装は置まゆ、着物はりんず物、髪形は長かもじというつけ毛をつけ、この支度をするのはお城へあがるときやお城からの上使を迎えるときなどお城とのかかわりのほか、婚礼や年中行事の五節句で殿様のお目見があるときなどだった。置まゆとは、公家の額化粧のひとつで、眉毛を剃ったところへ別に眉形をかくもので、近世になって御殿女中に行われるようになった。こうした服装は、武家が公家のしきたりを倣ったものと考えられるが、臼杵藩稲葉家の記録にはないので、大藩だけに行われたのかもしれない。

十月一日、浄岸院様の御守殿への移徙（引移り）が行われた。御守殿へは、殿様からお膳がとどけられ、御守殿の側女中たちへも料理が出された。公方様・御台様から、浄岸院様へ移徙祝いとして上使によって賜り物がとどけられた。

火事のあと、すぐに再建はされたものの、おびただしい出費や藩の財政の悪化などが相まって、明和五年（一七六八）には、七ヵ年の倹約令が出ることとなる。その概略を紹介しよう。

一　明和五年より七ヵ年（安永三年まで）、おびただしい倹約をすること。
一　年頭の式に使う食具は、白木でなく塗りにすること、服装ものし目の着用はせず、簡略にすること。
一　常の御膳は、一汁二菜差し上げるところ、一汁一菜にすること。米も撰米は使わないこと。
一　常の御箸は、白木でなく塗りの御箸にすること。
一　常の御肴、御野菜類は、よけいに買わないこと。
一　伏見や大坂の買物も、節約すること。道中の御菓子も入用分だけ、御酒も控えること。
一　毎日、御菓子を買うに及ばないこと。
一　江戸、国元、旅中とも、酒盃を家臣へ下さることは、格別のときとすること。
一　江戸屋敷で御客のときの御馳走は、二汁六菜だったものは二汁五菜、二汁五菜は二汁三菜とし、菓子、吸物にも気を配ること。
一　高値のものなど買わないよう、裏納戸奉行、御包丁人頭、御末まで承知のこと。

一　御召物、内輪ではつむぎ、木綿を着、夏は芭蕉上布類無駄遣いのないこと。
一　足袋はおおやけと普段と二通りを使いわけること。
一　下帯も、毎々取替えにおよばないこと。
一　おおやけの御召物は、中位にすること。おおやけの御召物は、段々に普段に追送りすること。
一　手ぬぐい、扇子、鼻紙なども、質を落とすこと。
一　ゆかたは白地ばかりだったものを、染地でもよいこと。
一　細上布類を琉球へ注文すること無用。
一　御召物を、京都へ注文することは止め、江戸の呉服所でととのえること。どうしても、京都へ頼む場合は、質を落とすこと。
一　旅中の野菜、干物などは、国元より過分に持参することは止めること。
一　普段の手ぬぐいは、すぐに取替えることはしないこと。
一　きざみたばこは、両端を切り、中だけを差し上げていたが、切れ端が多いので切らずに差し上げること。
一　煎茶は二番煎じまで差し上げてよいこと。
一　御道中御茶道方へ、御昼休みは次へ繰越してよいこと。（昼は差し上げなくてよい）
一　御在府、御在国、御旅中とも、御燈方、毎夜の御前の御燈台は、平生は二つだったのを手燭一つにすること。

一　行灯も、方々にあったものを、廊下は当分はなくすること。

これをみると、それまでの生活ぶりがよくわかる。たとえば、食生活では平生の食事は一汁二菜だったこと。毎食事ごとに新しい白木の箸や道具だったものを塗りの箸や道具にすることは、塗りのほうが格下だったことがわかる。菓子は高かったことなど、興味深い。衣類も、京都へ注文していたらしいが、江戸のもので間に合わせるようになど、また殿様は白地のゆかただったことなどがわかる。この倹約令を受けて、翌年御守殿から側女中たちへの歳暮は半減されている。

花　火

島津家では、よく花火を行っていた。それも、かなり大がかりなものだった。臼杵藩稲葉家の江戸屋敷の日記にも「薩州様の花火を芝の料亭からみた」という記事も二～三回あって、打ち上げ花火だったらしい。

花火は、天文十二年（一五四三）鉄砲とともに伝えられた火薬にはじまるとされ、しだいに娯楽としての花火がつくられるようになった。そして、慶安元年（一六四八）ころから流行しはじめ、慶安三年の将軍家光の誕生日には、町奉行が花火を献上したという。

木造家屋が多かった当時の江戸では、花火が火事の原因となったため、たびたび禁止令が出された。何度も出されたのは、それだけたくさん行われていたことを示している。

島津家江戸屋敷の花火は、海岸沿いの田町屋敷で行われた。『日記』には、宝暦六年（一七五六）六月、同七月、明和元年（一七六四）六月、同二年六月、同四年七月、同五年六月、同七年閏六月というように、ほぼ毎年行われた。明和五年の場合は、昼すぎから殿様と奥方の二人が田町屋敷の御茶屋へ入られ、夜になって花火がはじまり、終わって帰られたのは午前零時だった。

また、斉宣の天明九年（一七八九）に、国元へ帰国したときにも花火の記録がある。

江戸屋敷の花見

『日記』には、お屋敷内で花見をした記録がある。八月・九月は萩見、九月・十月は菊見。中奥と奥の菊見は別々に行われ、それぞれへお出かけになる。このときには、御重に入れた御馳走をたのしんだ。十一月には御守殿の紅葉。紅葉見物は、御守殿にしか記録がないところをみると、その広さがわかるような気がする。

女性の旅

明和五年（一七六八）三月七日、於薫が殿様へ神参りにいきたいとの願いを出したことに対して、「好きなようにしなさい」というお達しがあった。於薫は、佐土原島津家の正室だったので、島津宗家の許可を得るのは筋違いのようにも思えるが、これには訳がある。それは、於薫の嫁ぎ先、佐土原藩島津家は、二万七〇〇〇石と小藩だったためか、「於薫殿へ年々御内證より御拝領金被成候御金……」という記事もあり、住まいが近かったこともあって、まるで親元のような行き来があり、何かにつけて援助をしていたようだ。

このような次第で、三月十四日から三泊四日で、江ノ島への旅に出た。当時、女性が旅に出ることは珍しい。この旅の詳細は於薫側にあると思われるが、島津家の方ではわからない。旅から帰ってくると、土産として江ノ島細工、干肴が届けられている。

葵の御紋

女性は、結婚前の家紋を使うしきたりがあったので、竹姫（浄岸院）は葵の紋だった。その葵の紋のついた物を、側女中などが拝領することがあった。明和三年（一七六六）、家臣島津左中が近いうちに国元へ出立ことが決まったとき、御守殿へ挨拶にあがった。そのとき、浄岸院より葵の御紋の衿をいただいた。また、明和七年、長年勤めた中奥の御年寄役の瀬川が、退職して鹿児島へ帰ることになった。その餞別として、葵の御紋の御服をいただいた。よほどのことでないと、葵の御紋の品を頂戴することはなかったといってよい。

地方の名物

『日記』中にみられる地方の名物について、まず琉球の産物から述べよう。漆器では東海盆、琉球盆、蒔絵硯箱など、織物では琉球つむぎ、芭蕉布、上布、琉球綿など、その他では泡盛、大官香、琉球うちわ、びんろううちわなどが参府土産だった。

なかでも泡盛は、将軍や御台様、御簾中たちへの大切な贈物だった。江戸時代に外国からきた人たちのことを記した『通航一覧』には、正保元年（一六四四）将軍家の若君誕生を祝って江戸へ上った琉球の使節からの献上品に「焼酒」とあるのをはじめとして、同四年、若君誕生祝いの献上品の中には「琉球酒」とある。焼酒も琉球酒も、おそらく泡盛のことと思われるのだが。泡盛という名がみられるのは、『鹿児島県旧記雑録』の寛文元年（一六六一）のことで、上使稲葉美濃守へ献上されたときである。これ以後は『通航一覧』にもすべて泡盛と記されるようになっている。

宝永七年（一七一〇）の七代将軍家継の代替わりの祝いには、まず十一月十八日、代替祝儀として泡盛一〇壺、中山王より五壺、中山王の使者美里王子より三壺、同豊見城王子より二壺が献上された。さらに、十一月二十一日、使節に対してお城で料理を下されたときにも、御台様へ代替祝として泡盛酒五壺、中山王より三壺といったようだった。また、正徳四年（一七一四）の八代将軍吉宗の代替わりの祝いのときは、公方様へ祝儀として一〇壺、中山王の自分継目として五壺、与那城王子より二壺、金武王子より二壺、六代将軍の室一位様へ五壺と三壺、家継の生母月光院へ三壺と二壺というようにたくさんの泡盛が江戸へ運ばれた。

将軍の代替わりの祝いだけではない。享保十六年（一七三一）将軍家の養女竹姫が島津家へ嫁ぐことになった祝いにも泡盛一壺、元文二年（一七三七）、竹千代誕生祝いには公方様ほか、老中にまで贈られた。珍しい酒は、江戸で珍重されたようだ。

時代は少し下るが、天明九年（一七八九）二十六代斉宣の初入国の記録には、鹿児島で泡盛が月に一回のペースで多出する。側用人たちへも振る舞っている。泡盛は、江戸ばかりでなく、鹿児島へもたくさん運ばれた。泡盛は、二十五代重豪の時代には、江戸屋敷へかなり運ばれていたようだが、斉宣の次の二十七代斉興の記録には少ないので、斉宣はよほど泡盛が好きだったらしい。

「甘辛泡盛」という記録もある。四段の小重に漬物、おかず、菓子、飯を入れ、泡盛にはいろいろな砂糖漬が添えられた。「甘辛泡盛」とは、甘い泡盛と辛い泡盛ということだろうか。砂糖泡盛というものもあったので、甘い泡盛とはそのことだったのかもしれない。

明治二十年（一八八七）頃の鹿児島の風俗を記した『薩摩見聞記』には、泡盛について「琉球より来る火酒の強きもの……」とあり、さらに「酒精もっとも強く、多くこれを飲みたるとき、たばこを吸えば、口中火を呼ぶ。また、或時これに酔いて、手にろうそくを取りたるに、其火風になびきて手に移り、全身焦げて死せしものあり」とも書かれている。いささか、誇張が過ぎるようにも思えるが、強い酒であったことは間違いない。

次に、東海盆についてふれよう。江戸末期の『薩摩風土記』に、琉球の産物のひとつとして東海盆がある。「とんたぶ」といっていたらしく、ひら仮名で書かれている。琉球の朱塗りの台つきの器で、しきりがいくつもあり、そこへ取肴をいろいろ並べて酒の肴とするとある。取肴屋という店に、「とんたぶ」の看板が出してあったようだ。

取肴にはさしみもあったが、猪、豚、鹿を出すことは少なく、よほどの客でなければ出さないともある。逆にいえば、貴人には猪や豚を使ってもてなしたことになり、琉球の人たちへの接待に用いられたのは、それだけ島津家側が大切な客として扱っていたことになる。

鹿児島の産物では黒砂糖、国分たばこ、桜島みかん、御国焼茶碗（薩摩焼）、葛粉、御国茶などがあり、桜島みかんは江戸初期の寛文七年（一六六七）にすでに記録されている。参勤途中のものでは八代みかん（熊本）、京都のようじ、京都香煎などがある。八代みかんはおいしかったのか、御守殿へ苗木が贈られたこともある。

「練酒」もある。練酒は博多の名物で、『筑前風土記』（一七〇三年）に「今は製する家多し」とあるので、その頃には広く知られていた。その練酒が、『日記』の明和元年（一七六四）をはじめとしてかなり出てくる。それは、すべて浄岸院の娘菊姫（のちに剃髪して真含院を号す）の嫁ぎ先、福岡藩主松平継高の嫡男、修理大夫重政と結婚（一七五五年）した後に出てくるようになる。国元の名物は、結婚などの新しい人間関係によって広がったことがよくわかる。

次に、珍しい贈物について述べよう。

明和三年一月、三田の於薫がこどもの於苗を連れて新年の挨拶に来たとき、御守殿からはもちろん、奥様からも贈物が渡され、於薫および於苗からも返礼の品が贈られた。このときの於苗からの品は、佐土原（宮崎県）の赤米だった。同年の八月にも、佐土原から到来の大唐米とあるのも、赤米と同じである。赤米とは、琉球の赤手屋島に産するのでこの名があるとされる南方に多い米で、諸国の名物をあげた『毛吹草』（一六三三年成立）に日向の赤米が出てくる。わが国における米づくりの歴史は、白米以外のものを莠雑物として取り除くことを第一の目的としてきた。今では、赤米はそれなりに使い道も出てきているが、ここ一〇〇年ぐらいの間は、まったく邪魔者あつかいだった。この赤米が、二三〇年前、佐土原にあったということはおもしろい。

また、同じく佐土原からの贈物に「からいものせん」というものがある。「からいも」とはさつま芋のことをいい、「せん」とはでんぷんのことなので、さつま芋でんぷんである。さつま芋がたくさんとれた南国らしいものといえるだろう。

次に、豹一疋という贈物がある。明和三年六月のことで、殿様あての贈物だった。贈ったのは大奥の御局、到来物を回したようだ。大奥にはいろいろな贈物があったらしい。これを島津家の馬係りがいただきに行き、中奥の御庭で御覧になったとある。珍しい贈物には違いないが、そのあとどう処置したのだろう。

第五章　化政期の食——二十六代斉宣・二十七代斉興時代——

斉宣の前の藩主は重豪、斉興のあとの藩主は斉彬と、ともに有名な藩主だった。しかも、斉宣の時代の文化五年（一八〇八）、重豪のとってきた開化政策や子女の公家・大名家への縁組によって、財政が苦しくなったことに反発した斉宣が、文化四年、家臣樺山主税などの近思録派といわれる人たちを抜擢して、藩の改革に取り組んだ。改革の多くは、重豪の新設したものだったため、この方針は重豪の怒りをかった。また、幕府への借金の申し込みと、参勤交代の一五年間の免除、琉球貿易の拡大などを申し出ようとした。これは、幕府の政策に口をはさむものだった。

こうした事態に、重豪はみずから粛正を行い、近思録派一三人の切腹、一〇〇人余の島流しや御役御免などの処分を行った。これを文化朋党事件という（近思録崩れ、秩父崩れともいう）。翌六年（一八〇九）、斉宣は引責隠居を命じられ、この後は、重豪が斉宣の後見役をつとめることとなる。

つづく斉興公の時代には、嘉永朋党事件（お由羅騒動、高崎崩れ、近藤崩れとも）というお家騒動が起こり、二十八代斉彬が家督を継ぐことになった。嘉永朋党事件とは、嘉永二年（一八四九）十二月三日、家臣高崎五郎右衛門温恭（船奉行家老座書役勤奥掛）ら六人が切腹をさせられたものである。なぜ切腹となったかは、困窮していた藩の財政の再建方法をめぐっての路線対立だった。このとき、斉興は六十六歳で隠居し、四十一歳の斉彬へ藩主をゆずった。

斉宣と斉興は、ともにこうした事件が原因で、意に反して藩主の座を追われたという共通点をもつ。その時代の記録も、他の藩主に比べてやや少ないらしい。

斉宣の初入国

二十六代斉宣が家督相続をしたのは天明七年（一七八七）正月二十九日、お国入りは同年六月一日だった。斉宣このとき十六歳。初入国という場合は、ふつう家督後の初入国をいい、その記録は同年十二月までの半年分がある。

鹿児島に到着したその日、内輪の祝儀が行われた。料理は三汁七菜で、一の汁には鶴が使われた。約一〇〇年前の綱貴の場合にくらべると、斉宣の場合は内輪の祝儀のためか三汁七菜と簡略である。斉宣のときの献立を示そう。

一　御のし　　白木三方
一　三ツ肴
一　長柄之御銚子

御膳部

御なます　鯛　　　　御汁　塩鶴

□塩引　　　　松茸

白髪くり　　　　□□瓜

若はし　　　　千午房

しそ　　　　あかざ

きんかん

小角　　味噌漬大根

御平皿　　輪いりこ

蒸玉子　　　　御飯

春菊

御二

御杉箱　　敷みそ　　　　御汁　　背切小鯛

小蒸鯛　　　　ゆず

重海老

大明竹の子

長芋
いんげん
御猪口　梅ひしお
くるみ
御三
焼紙形　桜鯛　御汁　貝わり菜
巻からすみ
□□□
岩茸
黒くわい
わさび
御居付　大小鯛色付焼
御台引　大板かまぼこ
御肴　かば焼青串
御吸物　川蛎
みょうがの子

ひれ

御島台

御茶菓子　ぎゅうひ

水くり

川茸

御後菓子　青海糖

結藤袴

まされかん

鶴崎こう

葛巻せんべい

正式に家督祝儀が行われたのは暮れの十二月二十一日で、このときは年忘れを兼ねて能も催された。料理は三汁九菜だった。家督後の初入国の祝いは、藩にとっても最大の祝儀だったといえる。それが簡略化されたのは、時代の流れだろうか。その後、一ヵ月余の間に各菩提寺へ参詣、七月末頃からは谷山や吉野への遠乗りや狩り、釣り、鉄砲の稽古など余暇をたのしんだ記録がある。

菩提寺への参詣

島津家の歴代藩主の眠る福昌寺、十五代貴久の南林寺、二十一代吉貴の浄光明寺などあちこちの寺参りも大変だった。また、江戸時代には、母や夫人のための菩提寺を建てることがよくあった。したがって、関わりの深い人の寺へのお参りは欠かせない。年始はもちろん、初入国のとき、願かけなど折りにふれて寺参りをした。

斉宣の初入国後の寺参りでは、御前菓子として五種の菓子、煮しめ、菓子一種が出された。この様式は嘉永四年（一八五一）の斉彬の場合も同じである。初入国後の寺への参詣は、綱貴の頃からすると、ずいぶん簡略になっている。

斉宣が、島津家最大の菩提寺福昌寺へ参詣したときをみよう。

一　御前菓子　錦糖
　　　　　　　色さん木
　　　　　　　結松風
　　　　　　　巻せんべい
　　　　　　　さわらび
一　煮染　　　つまみ豆腐
　　　　　　　山芋

一　菓子　ふろう
　　　　　ようかん

斉宣は六月一日に着城したあと、六月から七月にかけて南泉院、浄光明寺、福昌寺、恵燈院、南林寺、真国寺、不所光院への参詣をした。どの寺院でも、御前菓子五種と煮しめ、菓子一種と同じ様式のもてなしだった。

斉彬の場合は五月八日の着城後、斉宣の行った以外の寺では抱真院、本立寺、妙谷寺、隆盛院、寿国寺、大乗院、千眼寺など、斉宣より多くの寺院へ出かけている。多いときには同じ日に四ヵ寺へ行くということもあった。それぞれの寺で、ほぼ同じようなもてなしをするのであるから、実際に食べるのはほんの少しだったのだろうか。

琉球王子の接待

斉宣の家督祝儀のため、琉球から大宣見王子一行がやってきた。

十一月十三日、鶴丸城に登城した王子一行は、杉の間から虎の間へ通され、書院で通詞（通訳）とともにお祝いを申し上げた。そして、藩主へは三汁九菜の御料理、大目附以上へは三汁七菜菓子二通、御側・御用人以下奥向きまでには二汁三菜、小納戸・小坊主以上へは一汁三菜を差し上げた。江戸初期の琉球王子への饗応は五五三だったことと比べると、格段に簡素になっている。藩主への三汁九菜の一の汁は、もちろん鶴。二の膳には杉箱としてあんこう、あんこうのわた（肝ほか）が使われている。

江戸時代の料理書『黒白精味集』（一七四六年）には、その当時のあんこうの食べ方として、あんこう汁という身や内臓を入れた味噌汁が紹介されている。殿様の食事に、あんこうのわたが出てくるのは珍しい。日本の食べ物の中で、珍味とされるあんこうの肝だが、げすな食べ物とされていたのか、美味は知りながら、殿様の記録には、このときの一回だけしかない。

料理につづいて茶菓子、後菓子まで出されたあと、煮しめと菓子が出た。この煮しめには琉球の八重山いりこが使われ、菓子はかるかんと紅梅餅だった。

この祝儀をうけて、十一月二十七日には琉球仮屋にいる王子ほかへ料理が届けられた。そして、斉宣が仮屋を訪問し、食事を共にしている。これは、父重豪のときにもあったことなので、父を倣ったのだろうか。料理の内容は、重豪のときには琉球風というか、しっぽく料理だったが、斉宣のときは和風だった。このあたりが、藩主の好みといえるのかもしれない。しかし、琉人への料理にも平皿としてあんこう、同皮・わた、肝を使ったものがあった。

このように、あんこうや鹿が使われたという点が、琉球の人たちの好みに合わせたといえるのだろうか。

花火見物

重豪の時代につづいて、入国後、兵具係りに仰せつけて花火を行ったことがある。八月だった。そのときの献立は次のようだった。

一　御吸物　鯛
　　　　　　ゆず
一　御硯ぶた　かまぼこ　染くわい
　　　　　　小串鯛　青まめ
　　　　　　東えび　片なし
　　　　　　染つと麸
一　御鍋物　丸かまぼこ
　　　　　　花いか
　　　　　　竹の子
　　　　　　里芋
　　　　　　きくらげ
　　　　　　小かぶ
　　　　　　ごぼう
一　味噌御吸物　甘鯛切身
　　　　　　春菊

一　御中皿　いり酒
　　　　　一塩鯛
　　　　　赤貝
　　　　　青海のり
　　　　　木の葉生姜
一　御鉢物　まぐろさしみ
　　　　　花塩
　　　　　からしすみそ
　御夜食
御皿　小鯛色付　御汁　□巻ぼら
　　　　　　　　　　小かぶ
　　　　　　　　　　笹がき午房
御香物　　　　御飯
　御二
御平皿　川茸葛かけ　御汁　薄身鯛
　　　　山吹玉子　　　　　早松茸

御猪口　いりむかご　房野菜
御菓子　いりこ餅
干菓子色々

八月に、鹿児島で早松茸が出たのか、初物がさっそく使われたと思われる。

月見

八月十四日に行われた月見をみよう。

月の前に供えられたのは、白酒を入れた瓶子、三方に平米・里芋・なす、萩の箸をそえた。そして、月見の宴がはじまる。

一　御小重　ゆで芋
ゆで房豆
ゆできぬかつぎ芋

一　御吸物　鯛切身
ゆず

御掛盃

一　御硯ぶた　小串焼鯛

おはら木
染竹の子
塩いり山芋
染まい茸

右、御前へ差し上げる

奥向きへは、ゆで栗、ゆで房豆、ゆできぬかつぎ芋をまわした。家老たちからは、五重入りの御馳走が贈られた。重箱は黒塗りの十文字の紋（島津家の紋）つき、内容は次のようだった。

上　小鯛・きす色付焼　二　算木�色付
　　　　　　　　　　　　干あゆ
　　　　　　　　　　　　こが焼玉子
　　　　　　　　　　　　焼豆腐
　　　　　　　　　　　　ごぼう
　　　　　　　　　　　　ぜんまい
三　いり粉餅　　　　　　四　高麗餅
五　饅頭

ほかにも、若年寄り・大目附や側・御用人など、それぞれから同じような御重が献上され、座は賑やかだった。夜食一汁三菜も出された。

会席料理

寛政三年（一七九一）、斉宣の江戸における会席料理の記録がある。会席料理とは、それまでの本膳料理という膳が次々に出されるスタイルを宴会風に簡略にしたもので、膳は二つ、一汁三菜を基本として、その膳組は自由な魚鳥の料理や南蛮風の料理も組み合わされるようになった。一汁三菜の内容は、およそ次のようなものである。

一　汁　　吸物　椀物
一　生　　なます（現在のさしみ）
一　焼物　焼魚など
一　煮物　たき合わせなど

安永・天明頃（一七七二～八八年）、こうした形式が流行するようになったが、島津家でも重豪の宝暦三年（一七五三）に会席料理の記録があるので、これが初見だろうか。ちなみに、同じように現在の港区に屋敷のあった臼杵藩稲葉家の場合には、天保十三年（一八四二）に初見されている。斉宣時代の「御會席附一通」と題した資料には、年が記されていないけれども、斉宣の在位は天明七年（一七八七）から文化五年（一八〇八）なので、江戸後期のものと考えてよい。

会が開かれたのは五月廿六日、お客の中には中山鄭嘉訓、宗湛（福岡の茶人神谷宗湛）などの名もみえる。献立は次のようだった。

本　膳

向　鯉の子附　汁　赤味噌

かいふん　鶴

黒くわい　午房

わさび　菜

いり酒

小皿　白瓜漬

飯

二　段

平皿　うしほ煮鯛切身

柚子

長皿　大かまぼこ

引物

中酒

吸物　じゅんさい
　　　小梅
取肴　巻こかやき
湯
菓子　練り羊羹
　　　水栗
　　　川茸

この献立は、現在の宴席料理とほとんど変わらないが、鶴の汁は江戸時代らしさを残しているし、練り羊羹はこの頃つくり出されたとされるもので、伝統を守りながらも流行の先端を取り入れていたことがわかる。

湯　治

鹿児島は、温泉に恵まれている。そこで、殿様たちもよく湯治に出かけた。

斉宣と側室は、寛政元年（一七八九）十月十三日から約一週間市来へ出かけた。湯治先へは、家臣などから届け物をするのがならわしだった。十月十五日の贈物をみよう。まず、殿様へ杉箱につめた白ぎゅうひ、お部屋様（側室）へも菓子、別に四段の御重。

上　かまぼこ　二　ようかん

こが焼　高麗餅
華甘鯛色付
焼豆腐
山芋　四　饅頭
三　いりこ餅
かすてら

煮しめなどは湯治先の御膳所で調えたとある。

重豪も明和元年（一七六四）に桜島、同三年には市来へ、斉彬も指宿へと湯治をした。これについての詳細はない。

斉興の茶会

二十七代斉興の記録は、他の藩主に比べて少ないが、茶会、小士踊御覧、騎射場・御製薬方へ御入、玉里御茶屋へ御入、錦崎へ御入などがある。

寛政三年（一七九一）三月、江戸において茶会がひらかれたときをみよう。

御掛物　雲州主讃　養川書
御釜　芦屋

御炭斗　竹之皮細工
御香合　南京染付
御羽箒　鶴
御花入　国前大納言基衛卿作
三俣　銘萬代
椿
御茶入　瀬戸芋の子
御茶碗　高麗三島
御茶杓　一尾伊織作
御水指　南蛮
御蓋置　青磁
御水　さはり
御香合　織部形瀬戸
御薄茶茶碗　青井戸高麗
御会席
御向　しょく　御汁　□ん

せん生姜　　　　　　　わらび
御引落
御平皿　孟宗竹の子
御引物　大やき
御香物　なら漬
御肴　染れんこん黒ごまあえ
御吸物　たたき海老
御菓子　紅ぎゅうひ
　水くり
御懸菓子　押かき

斉興の茶会は、翌年鹿児島のものもある。その他、島津家の茶会の記録は、これより約一〇〇年前の元禄時代、綱貴の頃の記録も残されている。

斉興錦崎へ

弘化三年（一八四五）正月十四日、錦崎へ御入りになったときをみよう。正月らしい献立である。

一　蓬来

一　御茶
一　御肴　数の子
一　御雑煮　もち
くしこ
長芋
かき
大片
一　御肴　漬大根
一　御吸物　鯛ひれ
御掛盃
一　御銚子
一　御肴　鯛さしみ
せん生姜　酢
一　御銚子
一　御盃　土器　三方
一　御押　勝り数の子

一　御銚子
一　御吸物　巻鯛
　　　　　　つくし
　　御掛盃
一　御銚子
一　御硯ぶた　紅かまぼこ
　　　　　　　きんし玉子
　　　　　　　茶巾いも
　　　　　　　青粉うど
　　　　　　　結ひじき
一　御鉢　ひらめさしみ
　　　　　細魚掛作りあえ
　　　　　おろし大根
　　　　　紅のり
　　　　　しそ
一　御煖鍋　かも

大根

菜

一　御惣菓子　紅もく目かん橘餅入り

草きぬた巻

この後、夕食として御皿、鶴の汁、平皿、香の物、めし、御外物、みそ吸物、御銚子と出て、最後は紅だんご入りの御汁粉だった。

以上、斉興の記録は、藩主就任直後のものがほとんどで、お家騒動のはじまる藩主末期のものがないのは、当然かもしれない。

第六章　幕末期の食――二十八代斉彬時代――

歴代藩主の中で、斉彬は「幕末の名君」といわれている。幼少のころから、聡明で文武にもすぐれていた。藩主となってからは藩政の刷新につとめ、洋式の集成館事業を取り入れて大砲の製造や製鉄、それまでの小銃にかえて雷管銃・ライフル銃の製造といった軍事産業、そして電気の研究、紡績や白砂糖・氷砂糖の研究、樟脳や硝石、陶磁器、薩摩ビイドロともいわれる色ガラスを使ったカットグラスの製造など、当時の再先端の技術を生かした多くの事業をはじめた。

一方、さまざまな難問をかかえていた政治面では、十三代将軍の後継に徳川斉昭の子一橋慶喜（十七歳）を推す一橋派と御三家の血をひく紀州家徳川慶福（八歳）を推す紀州派の政争があって、幕府大奥は慶喜に反対していた。斉彬は一橋派の立場をとり、慶喜をおして朝廷と幕府の両立をはかろうとする公武合体の路線をすすめた。

このように、世界を見据えつつ、日本の将来像を描いていたと思われる。しかし、残念なことに、安政五年（一八五八）、在位七年で急死してしまった。五十歳だった。

華やかな経歴の斉彬の藩主就任前と家督相続後の初入国の記録からみよう。

藩主以前の斉彬

弘化四年（一八四七）、斉彬三十八歳から藩主就任前の嘉永三年（一八五〇）までの四年間の記録がある。弘化四年一月には伊敷へ狩りに、二月には南泉院・南林寺・聖堂・神農堂へ参詣、三月には大奥で寄合、磯御屋敷へは三回、五月には浜崎御茶屋へ、六月には妙谷寺へ、十月には聖光寺へ、十一月には花倉御茶屋へ、嘉永元年一月には狩りへ、二月には蒲生辺、花倉御茶屋、磯御屋敷で砲術御覧、四月には浜崎御茶屋へ、六月には軍役方の建物の落成、天保山での砲術御覧、嘉永二年三月に着城。翌四月天保山での砲術御覧、閏四月には着城後はじめて稽古の御能、八月には関狩り、十月には指宿へ湯治、十二月には御能、嘉永三年二月には川尻で上士小踊を御覧、三月には川尻での砲術御覧、南林寺への参詣などである。

在国のときは、およそこのように一ヵ月に一

島津斉彬肖像（キヨソネ画、尚古集成館蔵）

度程度出かけていたようだ。嘉永元年六月、天保山で砲術をみたときの献立をみよう。

一　御のし
一　御吸物　鯛
　　　木の芽
　御掛盃
一　御肴　鯛さしみ
　　　若はし
一　御銚子
御皿　鮎煮浸　　御汁　なすせん
　　花ふし
　御香物
御平皿　こくし豆腐
　　焼のり
御外物　唐なす
　　里芋
　　ふろ豆

御重二重
上　車海老　下　紅もく目羹
氷豆腐　遠山もち
芽ひじき
ゆば
青豆

砲術の稽古をみたのは年に一回、すでにこの三年前、オランダからは開国勧告を受けていたが、日本はそれを拒絶していた。しかし、時代にそぐわない鎖国体制がゆらぎはじめ、関東地方では沿岸の防備に力を入れはじめていた。鹿児島でも、このような情勢のもと、砲術の稽古が行われていたと思われる。

家督相続後の初入国

家督相続が行われたのは嘉永四年（一八五一）二月二日。そして、初入国は同年五月八日だった。着城当日、内輪の祝宴が開かれた。書院に入ったところで御礼使いへの御目見えがあり、その後休息所へ入った。休息所では、奥向きの私的な用を勤める者たちへ御目見え、御庭の五社へお参りののち大奥へ、そこで大奥の御年寄などへ御目見え、そして祝宴となる。次第は次のようだった。のし、御茶、式三献、長柄之御銚子、御伽、御臓煮　塗り、御吸物、御掛盃、御銚子、御肴、御銚子、御盃土器白木三方、御押

白木、御銚子、御盃事、御料理二汁五菜、御後段、御吸物、御肴、御銚子、御夜食二汁三菜だった。

初入国の祝宴は二汁五菜だった。献立をみよう。

御鱠　鯛作り身　御汁　寒塩鴨
赤貝つき　葉付大根
色花大根　なす
花しそ　えのき茸
若はし
きんかん
御香物　味噌漬大根
なら漬瓜
浅漬大根
御二
御平皿　小むし鯛　御汁　小鯛せ切
いりこ　花柚
大明竹子
松茸

　　みつば
御猪口　からすみ
　　海ふん
　　岩茸
　　わさび
　　　敷山川酒
　御三
御大皿　小鯛塩ふり焼
　　御猪口　　掛塩
　御台引
大板かまぼこ
　　御肴　　染いか
　　御吸物　のし半ぺん
　　　　　　青みる
　　　　　　ひれ
　御銚子

御茶菓子　紅ぎゅうひ
　水栗
　川茸
御後菓子　練羊羹
　青梅糖
　鶴崎こう
御後段
うき麸
御猪口　氷おろし
御小皿　浅漬大根
御吸物　かさご
すり山椒
御肴　木の葉かれい
御銚子

後段からは、別の部屋で出されることが多かった。これに、さらに夜食として一汁三菜が出た。

寺社参り

五月八日の初入国後九日目の十七日、大雄山御宮と南泉院、十八日には浄光明寺、福昌寺、恵燈院、深□院の四ヵ寺、翌十九日には聖堂、福か迫、両学院、諏訪神社、小城権現、神明宮、本地蔵真院、護摩所、雪厨堂など、二十日には不所光院、真国寺、本立寺、二十一日には宇治瀬、妙谷寺、隆盛院、寿国寺、南林寺など、一日に何ヵ所もまわるという日程をこなしている。この後も、福昌寺、大乗院、千眼寺、浄光明寺、南林寺、正国寺などへも行っている。寺社参りは、帰国後の早い時期と、江戸へ出発する前の二度参るのが常だった。

嘉永五年（一八五二）正月、斉彬の初詣での場合をみよう。献立は、五種の御前菓子、小皿二、雑煮、吸物、浸物、煮しめ、菓子二種だった。新年には、どの寺院でもこのようなもてなしをしていた。

斉彬が一月十日、浄光明寺へ行った場合を紹介しよう。

御前菓子　青海糖
　宇治橋こう
　花ぼうろ
　葛巻せんべい
　紅吹き寄せ

御小皿　柚干

御臓煮　餅
右　同　漬大根　長芋
串柿
御煮しめ　生揚豆腐　昆布
竹の子　水菜
松茸　御菓子　紅いりこ餅
御茶　軽かん饅頭

新年には、御臓煮が出されたが、もちろん精進の臓煮で、干柿が入っているのが特徴だ。

砲術調練

入国後の七月三日六ツ半時（午前七時）、斉彬は砲術調練をみるために川尻の砂場へ出かけた。同行した家臣三人へは相伴の料理、御側ならびに奥向きの人たち、御庭方の計四五人へは四段の御重、御茶屋の人たちへは御飯と漬物が下された。

砲術調練を行った六二〇人へは、葛水五斗と砂糖一七〇斤が下された。おそらく葛湯にしたと思われるが、一七〇斤の砂糖とはいかにも砂糖の豊富だった鹿児島らしい量だ。これを一人あたりにすると、一六五グラム、計量カップ一・七杯である。砂糖は貴重で、昭和になってからも贈答品として用いられていたのは周知のことだが、その砂糖が江戸時代にこのようにふんだんに使われたのは、大変珍しいことだ。

八月二十七日、浜武館で弓の稽古を御覧になったときには、お決まりの規式ののち、参加した主な家臣から進上物を差し上げた。そういう習慣があったらしい。このときも、白木の扇子形に紅もく目羹、翁糖、松葉を盛ったものが贈られた。扇子形の大きさは、長さ一尺（約三〇センチ）、横三寸二分（約一五センチ）、高さ三寸五分（約九センチ）だった。菓子のほかにも、この桶としてかまぼこ、茶礼とうふ、甘煮竹の子、鯛小くし、花丸漬、西瓜漬も贈られた。

斉彬が砲術や弓、馬術、狩などを行った回数は、八月から十二月までの五ヵ月間で一八回、斉宣の場合の六月から十二月までの七ヵ月間で九回に比べるとはるかに多い。

関狩り・御鷹野

斉彬は、行動的な藩主だった。初入国の記録は一年三ヵ月があるが、その間寺参りに二五回、参詣した寺社の数はのべ七一ヵ寺、調練や弓の上覧、兵術御覧、関狩・馬追いなど二七回、このほか年中行事や儀礼をつとめ、磯御茶屋へ行ったり、犬追物をみたり、指宿二月田へ滞在したりといった休養と思われるものは少ない。苗代川まで馬で出かけたこともあった。途中で雨になり、横井で泊まったようだ。

嘉永五年（一八五二）二月二十一日の午前五時頃、吉野へ関狩に行った。このときの獲物は鹿だったが、その鹿を解体して料理した例があるので紹介しよう。まず、吉野でのし、御茶につづいて二汁五菜の料理が出た。表の包丁人頭が調えたとある。鹿の解体のことは、鹿解（しかとき）と書かれている。そのときの料理は次のようだった。

一　御鍋物　鹿
　　　　　　大根
　　　　　　豆腐
　　　　　　水菜

一　鹿つけ焼

次いで、履掛原へ出かけられたが、その御弁当は次のようだった。

上　さわら粕漬　　二　こが焼玉子
　　立切御漬物　　　　魚飛龍頭
　　　　　　　　　　　茶礼豆腐
　　　　　　　　　　　竹の子煮しめ
　　　　　　　　　　　甘煮ふきの頭

三　焼もく目羹　　四　御飯
　　葛饅頭紅あん

ほかに、鴨、大根、にんじん、水菜の鍋物が用意された。

翌日二十二日、規式にのっとった鹿解が行われた。

神酒
　　但　瓶子　蝶付
重
　　小豆飯
　　　シトキ二ツ上ニ置　　塗三方
　　但　コタツ　箸打
七度土器　鹿　　白木三方
　　　ふくまる
　　　　椎葉改敷
　　但　出　同断
重
　　小豆飯
　　　シトキ二ツ上ニ置　　塗三方
　　但　出　同断
神酒
　　但　瓶子　蝶付

一つの小豆飯と神酒は、塗りのお膳に盛り新しいまな板の上にのせ、祭り事を行う。その後、斉彬の御前に次のような鹿の料理が出された。

一　御吸物　鹿肉　切足　常之御箸
　　　　　　もやし
一　御中皿　鹿
　　　　　　ふく丸
　　　　　　焼塩
一　御土器　　　　　塗三方
一　御銚子
　　一　吸物　鹿肉　切足
　　　　　　もやし
　　　　　　掛塩
　　一　中皿　ふく丸
　　一　小皿　小豆飯
　　　　　　シトキ
　　一　御神酒

シトキとは、「しとぎ」のことで、餅米を蒸してから少しつき、楕円形にして神前に供える餅のようなもののことをいう。したがって、鹿解きは神事だった。ふく丸とは、どのようなものか、よくわからない。魚や鳥の切り方については、流派によって決まりがあり、中でも魚では鯉の包丁式、鳥では鶴の包丁式が衣冠束帯で行われていたが、鹿の解体にこのような規式があることは記録にない。

年越し

初入国の年の嘉永四年（一八五一）十二月二十九日、奥の御書院で行われた忘年会をみよう。

一　御のし
一　御茶
一　式三献
一　長柄之御銚子
　　御料理二汁五菜
御鱠　鯛作り身　御汁　つみ入
　白が大根　松茸
　しそ　小かぶ
　生姜
　きんかん

酢

御香物　御飯

御二

御平皿　鴨はんぺん　御汁　小鯛せ切

車海老　片柚

長芋

まい茸

菜

御猪口　寒塩鰤長作り

巻からすみ

岩茸

七草

御猪口　いり酒

御三

居付大皿　小鯛色付焼

御台引　こが焼玉子

御肴　　名吉味噌漬
御吸物　のし半ぺん
　　　　青みる
　　　　ひれ

御茶菓子　牡丹はんぺん
　　　　　染川茸

このほか、鯛ひれの吸物、鯛さしみなども出された。大目附以上の七人へは鯛の吸物と鯛のさしみ、御側、御用人、奥向きへはかまぼこ、小串魚、出水海老、ごぼう、つと麸、きのこ、九年母などを盛り合わせた硯ぶたが振る舞われた。その後、年縄や蓬来、御鏡餅を飾ったりして新年を待つ。

豚汁も出た奥向きの食

斉彬の初入国の内輪の祝儀のとき、奥向きの側女たちへ出された献立に「豚汁」と「いり豚」がある。献立は次のとおりである。

皿　　あじ煮付け　　汁　　竹の子
　　　　　　　　　　　　　わかめ
漬物　　　　　　　　飯

ほかに、
一　豚汁　竹の子
　　　　　とうふ
　　　　　ねぎ
一　いり豚　からし

大名家の公式の和風の献立に、豚が出てきたのは初めてのことである。下々の者にとって、豚汁やいり豚といったメニューは、鹿児島では日常的なハレの御馳走だったようだ。もちろん、鹿児島における豚肉食は、江戸中期の重豪公の時代、琉球の人たちの接待に出てくるので、琉球との交流の多かった鹿児島では、その風習を受け継いでいたようだ。

豚肉は、献上品としても用いられていた。弘化三年（一八四六）徳川斉昭への手紙の概略は「……例の豚肉、珍しくもないでしょうが……」という書状を添えて豚肉が贈られた。それに対する返礼の手紙は嘉永三年（一八五〇）にも、安政二年（一八五五）、そしてさらに翌年にも届いている。これからして、毎年のように贈っていたことがわかる。味噌漬にされたこの豚肉は、琉球産だったらしい。徳川斉昭といえば、開国に反対する攘夷論者として知られている。その斉昭が豚肉を好んだというのはおもしろい。

参勤の出発

嘉永五年（一八五二）八月二十三日、斉彬が鹿児島を発って江戸へ向かう直前、大奥で餞別の会が開かれた。それは、次のようである。

一　式三献
一　長柄之御銚子　御加
御土器　数の子　　御臓煮　　餅
くしこ
御土器　漬大根　　くし貝
長芋
大片
一　御吸物　　鯛ひれ
御掛盃
一　御銚子
一　御盃　土器　白木三方
一　御押　するめ
一　御銚子
御料理二汁五菜

御鱠　鯛作り身　御汁　つみ入
白色くり　えのき茸
若はし　葉付大根
花しそ　皮ごぼう
きんかん
御香物　御飯
御二
御平皿　小くし鯛　御汁　甘鯛せ切
いりこ　木の芽
竹の子
ぜんまい
ほうれん草
敷葛
御猪口　白色梅
御三
御長皿　鮎塩焼

たで酢
御台引　大板かまぼこ
御肴　巻玉子
御吸物　のしいか
青みる
ひれ
御茶菓子　ぎゅうひ
染川茸
御後菓子　翁とう
鶴崎こう
うつし草
練羊羹
早わらび
御後段
御猪口　氷おろし
うき麸

御小皿　浅漬大根
　御吸物　そぼろ鯛
　　みょうがの子
御肴　木の葉かれい

この後、休息所で御のしと御茶を差し上げた。
出発のときや到着のときには、国元でも江戸でも、このような式が行われたようだ。

菓子好きだった斉彬

斉彬は菓子が好きだった。初入国の一二九回の献立記録には、合計で五〇六種の菓子が出てくる。一回平均四種といったところである。菓子がたくさん出されたのは、初入国の祝いや発駕などのときの八～一〇種類、寺社参りには七種類、少なかったのは弓や馬術などを御覧になったとき、そして狩などのときの二種類だった。

斉彬時代の菓子の特徴は、旧来の菓子に加えて、新しい菓子がいくつも出てくることである。妹背羹や妹背とう、翁糖、玉水羹、金玉糖、金糸糖、葛巻、こはく糖、山茶花、時雨羹、時雨餅、隅田川、駿河里、石竹糖、石竹餅、常盤実、梨羹、窓の梅、丸ぼうろ、未開こう、み染川、最中、紅最中、最中饅頭、琉球羹（芋羊羹）などなどである。意外にも芋羊羹もはじめてだった。

新しい菓子が、急にふえているのは、斉彬が連れてきた御用菓子司明石屋と関係があるのかもしれない。嘉永四年（一八五一）、斉彬初入国の記録の十一月十八日には、紅練りもく目羹、松葉、長生こう、小形錦糖の四種が明石屋へ注文されている。菓子好きな斉彬と研究熱心な明石屋によって、すぐれた菓子の数々がつくられたようだ。

第七章　島津家歴代の食

これまで、江戸初期から幕末までの島津家の食生活についてみてきたが、ここでは多くの藩主の記録がある初入国や琉球王子の接待、弓上覧、関狩り・馬追い、寺社参りなどについて各年代を比較して食の変遷をみるとともに、日常の食、旅の食についても探ってみたい。

初入国

まずは、初入国。藩最大のイベントだった。寛文十年（一六七〇）、二十代綱貴の修理大夫襲名後の初入国、天明九年（一七八九）斉宣の家督相続後の着城祝い、弘化四年（一八四七）斉興の着城祝い、嘉永四年（一八五一）斉彬の家督相続後着城祝いの四例を比べてみよう。

着城祝いといっても、藩主としての初入国とまだ藩主でない場合ではその状況はかなり違っている。

綱貴の初入国の場合は、四汁九菜で五の膳までと引て、なます、肴、茶菓子、後菓子が出された。その約一二〇年後の斉宣の場合は、三汁七菜で四の膳はなく、居付として鯛の煮物、五の膳の代わりに台引として大板かまぼこ、その後茶菓子、後菓子は同様である。さらに約五〇年後の斉興と六〇年後の斉彬の場合は、斉宣の場合より居付が略されている。ただし、斉興と斉彬の場合には二汁五菜だが、後段や夜食が出されている。

このようにみると、寛文年間の祝儀の献立と比べて、天明末期頃になるとやや簡略となり、幕末にはさらに簡素化されていることがわかる。これを幕府の奢侈禁止令に照らすと、寛文三年（一六六三）の『御触書寛保集成』には「幕臣や大名の饗宴は三汁十菜か二汁七菜を限度とする」とあるので、島津家の綱貴の場合の四汁九菜は、これを越えていたことになる。また、享保九年（一七二四）の禁止令には、さらにきびしく祝宴は二汁六菜までとされた。これに対して、天明九年、斉宣の初入国の場合の三汁七菜も規制を越えている。一方、島津家江戸屋敷の浄岸院の住まいの日記の明和四年（一七六七）二月十八日には、老中阿部伊豫守と子息豊前守ほか八人が来たときの献立は、三汁七菜だった。浄岸院の場合は、特別扱いだったかもしれないが、鹿児島の場合は江戸から遠かったので、規制が守られなかったのかもしれない。

祝宴は時代とともに簡素化されていった。それは、ともすれば華美になりがちだった風習を規制するということのほかに、大名の財政的行き詰まりも一因だった。

島津家の場合は、これに加えて宝暦十二年の江戸屋敷の火事のため、その四年後の明和五年から七ヵ年の倹約令が出され、江戸屋敷の客へは二汁六菜だったものは二汁五菜に、二汁五菜だったものは二汁三菜にするようにとの通達が出ている。明和三年の江戸屋敷の年忘れ祝儀は、二汁五菜だったのが、倹約令の出た明和五年四月の殿様の参府祝いは、二汁三菜で行われた。そして、料理様式の簡素化は、宝暦中期ころから会席料理というスタイルへ変化していくこととなる。しかし、様式は簡略となっても、ひとつひとつの料理の内容はほぼ同じで、規式を伝承するためにも献立を記録しておく必要があったことがわかる。

琉球王子への接待

琉球王子への接待についてのもっとも古い記録は、『御献立留』にある延宝二年（一六七四）中城王子への振る舞いである。このときの四汁十菜という献立の記録はあるものの、饗応の目的などについての詳細がない。次に、延宝三年の中城王子へのものである。また、元禄五年（一六九二）佐敷王子および安永二年（一七七二）中城王子のいずれも、五五三の饗応だった。ということは、約一〇〇年間変化ない接待が行われていたことになる。

五五三のもてなしは、食具を金紙で飾ったり、料理に亀足という飾りものをつけたりと形式にこだわったものだった。これが斉宣の時代、大宣見王子が島津家へ御膳を差し上げたときには、本膳式の三汁九菜と簡略化されている。

弓上覧

家臣の弓の稽古を御覧になることを弓上覧といい、歴代の藩主たちによって受け継がれてきた。最初の記録は、寛文十年（一六七〇）、稽古を光久にみてもらった御礼に、四汁九菜の料理を諸士より差し上げた。このときは、後段まで、菓子は茶菓子三種と間の菓子五種が出された。五五三に次ぐもてなしといえる。次に、重豪の時代の宝暦三年（一七五三）にも弓上覧の記録がある。このときは、まず桟敷で行われた規式の後、弓場へ菓子八種が用意され、稽古が終わった後に会席料理が出た。

従来の本膳料理から簡略な会席料理への変化は、食の来し方を振り返るとき、大きなポイントといえる。しかし、会席料理はすぐに定着したわけではないようだ。

その後の斉宣の寛政元年（一七八九）の鉄砲稽古のときは、本膳料理の中で簡単な二汁三菜だった。これが、斉興の弘化五年（一八四八）の流儀御覧のときは、吸物、硯ぶた、八、丼、鍋料理などとなり、ほぼ現在でも行われる献立である。

さらに、斉彬の嘉永四年（一八五一）になると、諸士より御礼として差し上げたのは大台の菓子と煮しめ、かまぼこなどのこの桶だった。弓場での召上がり物は、吸物、壺皿、煮しめ、菓子だった。そして、斉彬へは御弁当（皿、汁、平皿、飯）だった。弓上覧の食の変遷は、しだいに内容が簡略となったことがわかる。

関狩り・馬追い

関狩りや馬追いは、訓練の意味もあったが、楽しみのひとつでもあったらしく、歴代藩主があちこちへよく出かけた。

寛文年間の関狩りや馬追いの食事は、二汁三菜が多い。ただ、初入国にともなう場合などは、三汁四菜だった。しかし、斉彬の初入国の記録には、二汁五菜となっている。したがって、関狩りや馬追いの食事は、あまり簡略化されていないといえそうだが、殿様の食事は二汁三菜以下にはしにくく、倹約令が出たり、時代の変化があっても変わらなかったのではなかろうか。

寺社参り

次に、福昌寺へのお参りを比較してみよう。

寛文十年（一六七〇）綱貴、寛政元年（一七八九）斉宣、嘉永五年（一八五二）斉彬の記録がある。寛文十年十一月の場合は、三汁九菜引て菓子、後菓子、後段だったものが、寛政元年七月には御前菓子五種と煮しめ、羊羹だった。嘉永五年正月の場合は、御前菓子五種、小皿二、御雑煮、吸物、浸物、煮しめ、菓子二種だった。しかし、これは正月だったからのようで、前年六月の場合は斉宣公と同じだった。したがって、寺社まいりの際の馳走は、寛政頃から著しく簡略となった。

従来のしきたりを重んじてきた大名家も、時代の波にはさからえず、しだいに実質的なものを取り入れざるをえなかったようだ。

日常の食

殿様たちは、日頃どんなものを食べていたのだろうか。
斉宣と斉彬の記録に、「常の御膳」というものがある。ふだんの食事である。斉宣は、初入国の一連の祝儀の終わった七月三日、尾畔の仮屋へ漁に出かけた。獲物は鯛だった。まず、仮屋に着くと、のし、吸物、酒、硯ぶた（肴）が出たのちに、常の御膳となる。このときの献立の詳細はなく、地の物を差し上げたと記されている。地元の食材で作った料理を出したということのようだ。十一月九日に龍ケ水へ出かけたときは、常の夜食とある。献立は次のようなものだった。

取肴　鮪いり物　湯豆腐
　　　里芋　　　こんにゃく
　　　大根　　　みかん
丼　　煮しめ豆腐
　　　にし入
菓子　饅頭
　　　おこし米

当時は夕食という記載例はなく、夜食とあるのが現在の夕食にあたるようだ。そして、内容は、現在と比べてもあまり変わりなく、殿様の食事としては案外質素なものだった。時代は約六〇年下って、斉彬の夜食をみよう。

御皿　ふぐ一日干　御汁　焼つみれ

雷あえ大根　もりみ

香の物

御平皿　葛打海老

えのき茸　御めし

ちりめん麸

糸もりみ

一汁二菜で、現在のわれわれの食べている夕食といった感じである。

旅の食

『薩藩旧伝集』には、江戸初期の綱貴公の旅行中の食事について書かれていて、「其時御意被遊候は、御駕籠の乃に紙包の物二ツ可有之候間、右衛門次郎取て差上旨御意にて、則右衛門次郎より取差上候を、道の傍の芝の上に御かがみ、二ツの紙包より御つかねめし四ツ、焼味噌二ツ御取出」とある。概略は、駕籠に乗っていた綱貴が、紙に包んだつかねめしと焼味噌を取り出して、道端で食べたということである。つかねめしとは、束飯と書かれていることもあり、つかねるすなわち「束ねる」という意味で、おにぎり

（おむすび）のことである。携帯食として最適のおにぎりは、殿様たちにも旅の必需品だった。

また、『調味雑集』（年不詳、明和頃の記事あり）の中の旅中持魚鳥之事という条に「いり塩へ魚鳥を漬け、古酒を入れ、壺につめて持つがよい」とある。旅中の食事は、茶屋や本陣などの宿場でつくってもらうことが多かったのだが、経費節減のために、料理人を連れて歩き、そのつどつくらせるということもあった。これを、自身賄いという。魚鳥の塩漬けを持ち歩くのは、この自身賄いの場合と思われる。

安永五年（一七七六）、参勤途中の重豪が、急に備中矢掛の本陣へ宿泊したことがある。通常は前の宿へ本陣から飛脚を出して、一行の供立の人数、宿の食事、継立の人馬の数、駕籠の準備などを問い合わせた上で、本陣側が用意することになっていた。したがって急に予定が変わったりしたときには、本陣の準備が間に合わないわけである。このときは突然のことだったらしく、食事は一膳食四〇人前を頼んだ。

安永九年五月廿九日にも、本陣へ一膳食を頼んだことがある。内容は次のようなものだった。

　　平　焼豆腐　　汁
　　　　水菜
　ひたし物　　　めし

一膳食は、急な場合だけだったのかがよくわからないが、この本陣での長崎奉行の食事は、一汁五菜だったから、旅の食事は殿様であってもかなり質素だった。

第八章　島津家の年中行事と儀礼の食

年中行事と儀礼について、島津家に特徴的なものについて述べよう。

大名家では年中行事や規式が、江戸後期、とくに天保頃（一八三〇年代）になって簡素化されはするが、連綿と受け継がれてきた。島津家のもっとも古い記録、寛文元年（一六六一）の『年中御規式御三献』と文化三年（一八〇六）の『御留守中御規式』および安政五年（一八五九）の『年頭御内輪次第』、明治二年（一八六九）の『年頭御次第』などから年中行事の食をみてみたい。

迎春の行事食

時代が流れても、いつまでも守り続けられたのは年末・年始の規式である。寛文元年（一六六一）にある年末・年始の規式は、明治十七年（一八八四）になっても、ほぼ同様に行われている。奥だけで行われた行事として、一月七日の七草粥、一月十五日の小豆粥を祝っていたが、明治十七年の記録でも同様で、この頃になっても「表」と「奥」がそれぞれ独立して行事を行っていたことがわかる。

元旦は蓬来を飾る。蓬来とは喰積ともいい、ゆずり葉をしき、その上に米を盛り、松竹鶴亀などの縁起ものに見立てたものをつくり、栗、かや、ほんだわら、海老、柿、柑子などをのせたものである。これを十五日の小豆粥に入れて祝う。次いで大服茶をのむ。大服茶とは、その年初めて汲んだ若水でたてたお茶で、梅干し、山椒、昆布、黒豆などを入れてのむ。一年中の邪気を払うとされる。

次に歯堅めである。歯は齢（よわい）のことを意味しているので、齢をかため長寿を願うとされる。

正月の三か日、鏡餅、大根、瓜、猪肉（のちに雉）、鹿肉（のちに鴨）、押鮎などを食べて長寿を願った。そして式三献の料理となる。まず、寛文元年の記録にある三か日は御手懸、御小食、御歯堅めにつづいて式三献の料理、そして八種の御食、御力飯、大節供となる。他の大名家ではあまりみかけないこれらの規式について説明しよう。

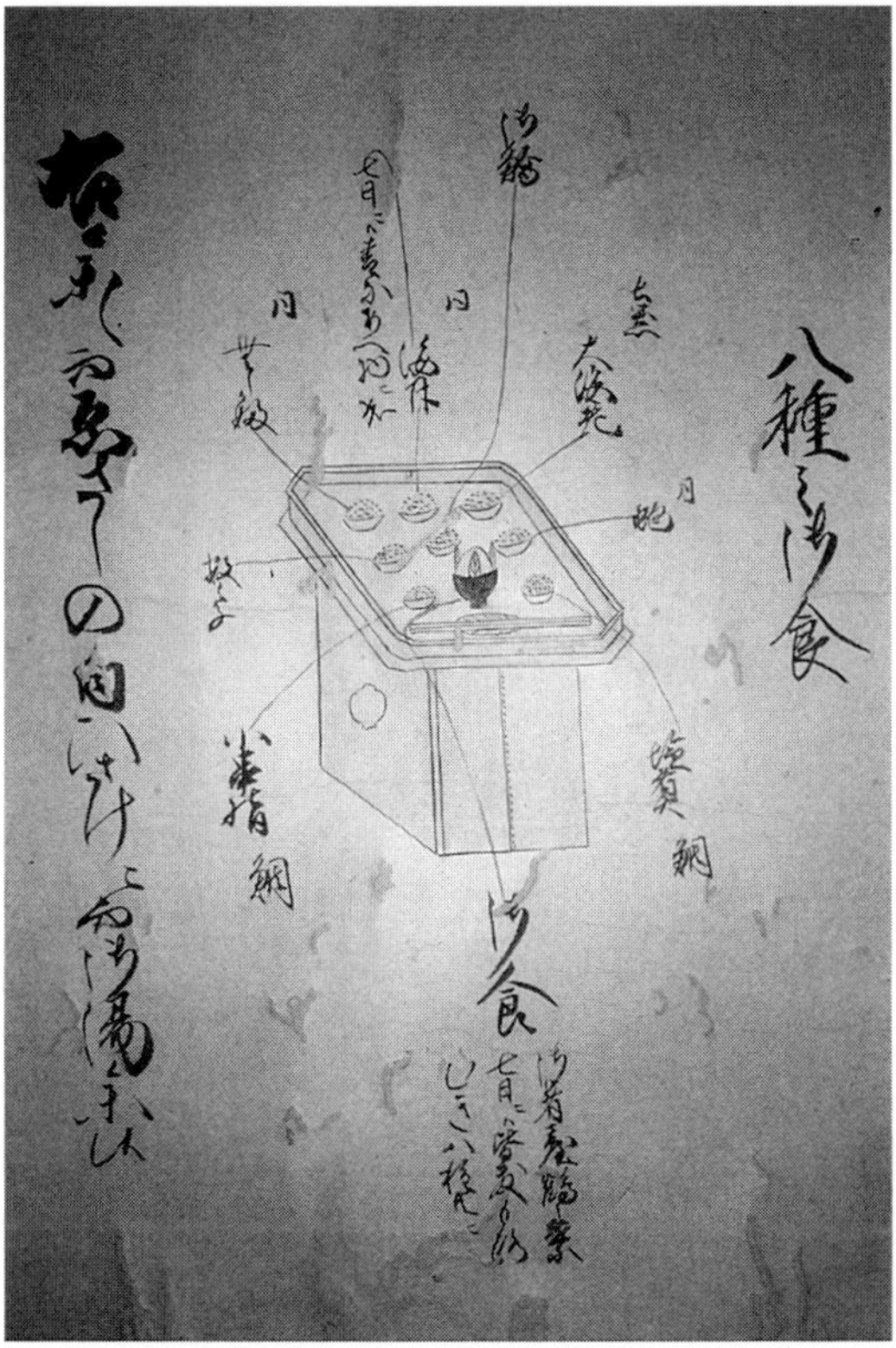

八種の御食（『年中御規式御三献』尚古集成館蔵）

御手懸とは円形の足付き台にところ、せんべい、昆布、くり、橙、かやの実、納豆の七種を盛ったものである。御小食とは白木の三方に煮物、汁、飯、納豆、香物を盛ったもので、御手懸と御小食は邸内の五社へお参りのときの供物である。御歯堅めとは三方に納豆と歯堅餅五つをのせて出す。そして式三献の料理となるが、最初の引渡しにはくらげと梅干し、のし、盃である。つづく二の膳は、鯛のうち身、塩、生姜、三の膳はかわらけに盛った鯛ひれである。もっとも三の膳まで出るのは殿様だけで、相伴をする人たちは最初の膳だけである。次に出る八種の御食とは三方に八種類の料理を盛ったもので、大海老、くらげ、□鰡、なます、あわび、数の子、塩煮鯛、小串指鯛の八種と飯の計九種である。御力飯とは、椀盛りの飯にゆずり葉を三枚立てたものである。大節供とは二の膳まであって、最初はなます、納豆、漬大根、鯛の焼物、かけ塩と飯、二の膳はすし、数の子、くらげと鯛の汁ともやしと山芋の二つの汁がつく。この膳につづいて替御膳としてさらに三の膳までが出される。

この八種の御食、御力飯、大節供などの行事は、島津家の正月の行事食として特徴的で、これらの様式は、明治二年になってもほとんどそのまま受け継がれている。

正月につきものの雑煮は、年中行事では正月と七夕、重陽、その他では初入国や婚礼、着帯、参勤交代の出発、菩提寺福昌寺への参詣、鎧の着初め、書き初め、縫い初めなどに用意された。江戸時代の島津家の雑煮の具は、くしこ（串海鼠＝いりこともいいなまこの干物）、串あわび、山芋（または里芋）、昆布、鰹節に串柿が入る。くしこと串あわびが用いられるのは、大名家の雑煮の特徴で、これらの二つを俵物といって、江戸時代から中国向けの輸出品であり、産物は厳重に管理され、庶民は口にできなかったものである。したがって、くしこと串あわびは権力の象徴でもあり、それを使うことは大名家のみに許されていたと思われる。くしこは、現在では中国料理の素材として知られ、乾物をもどして料理に使われる。あまりおいしいものとはいえない。幕末の『薩摩風土記』にある鹿児島の雑煮の具は、車えび、もやし、大根とある。江戸時代の島津家の雑煮の特徴は串柿ともやしである。しかし、いつの頃からか干柿を使う雑煮はすたれたという。一方、もやしを使う風習は、鹿児島から熊本にかけて現在でも残されている。

次に、一月七日の七草である。寛文元年の一月七日には、味噌豆とある。この味噌豆と七草粥を取合わせ出したようだ。

一月十一日は鏡びらきであるが、寛文元年の場合には、いただき餅と

七草の膳（『正月祝儀飾之絵図』尚古集成館蔵）

鎧の餅という二通りの餅が用意されている。いただき餅は二段重ねで、その上に根びき松と橘、干川魚それぞれを紙に包み結んで、餅の上に飾る。鎧の餅の祝いとして二膳、最初は鮒の丸煮と雑煮、雑煮の具は里芋、昆布、栗、柿と餅の計五種である。二膳目は、勝栗、昆布、のしあわびのいわゆる祝い肴と盃である。このような二通りの祝いの餅を出す様式は、明治二年になっても同様だった。

一月十五日は上元として祝っていた。この日、小豆粥を食べる風習がある。島津家の場合寛文元年から赤之御粥（小豆がゆ）とある。この小豆がゆは、安政五年（一八五八）には奥のみで出されるようになっている。

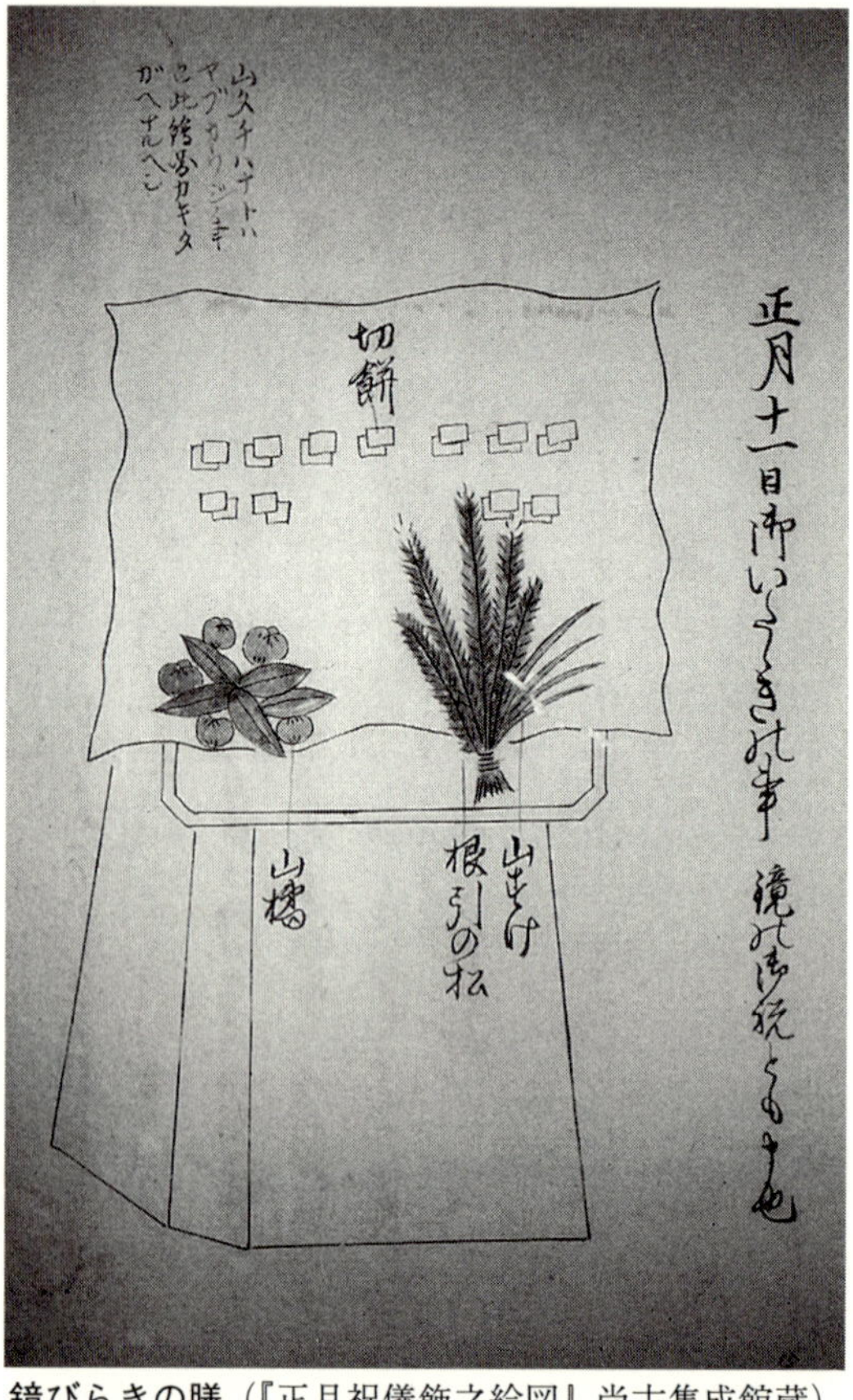

鏡びらきの膳（『正月祝儀飾之絵図』尚古集成館蔵）

次は節分である。節分には豆まきを行うのは一般的なことであるが、島津家ではそのほかに「まき銭」をしている。まき銭とは、おそらく銭を紙に包んだものをまいたのではなかろうか。珍しい行事である。節分の食べ物は、寛文元年には沈香、白檀、赤大根の三種を御前に差し上げ、三方にはなまこと赤大根のなます、鯛の焼物、ゆべし、御汁と麦飯が用意された。なぜこの日に麦飯を食べるのかは不明であるが、これも明治二年まで続けられている。

正月の行事は、江戸屋敷ではどのように行われたのだろうか。宝暦四年（一七五四）から明和七年（一七七〇）までの、『江戸中奥日記』からみると、国元の鹿児島城の規式に比べてやや簡略のようである。年末・年始の規式のうち、奥様の住まいである「奥」だけで行われたものがある。『年頭御内輪次第』と題する安政五年の文書には、元日の大服茶と歯堅め、七日の七草雑炊、十五日の小豆粥（島津家では赤の御粥）、節分の麦の御食

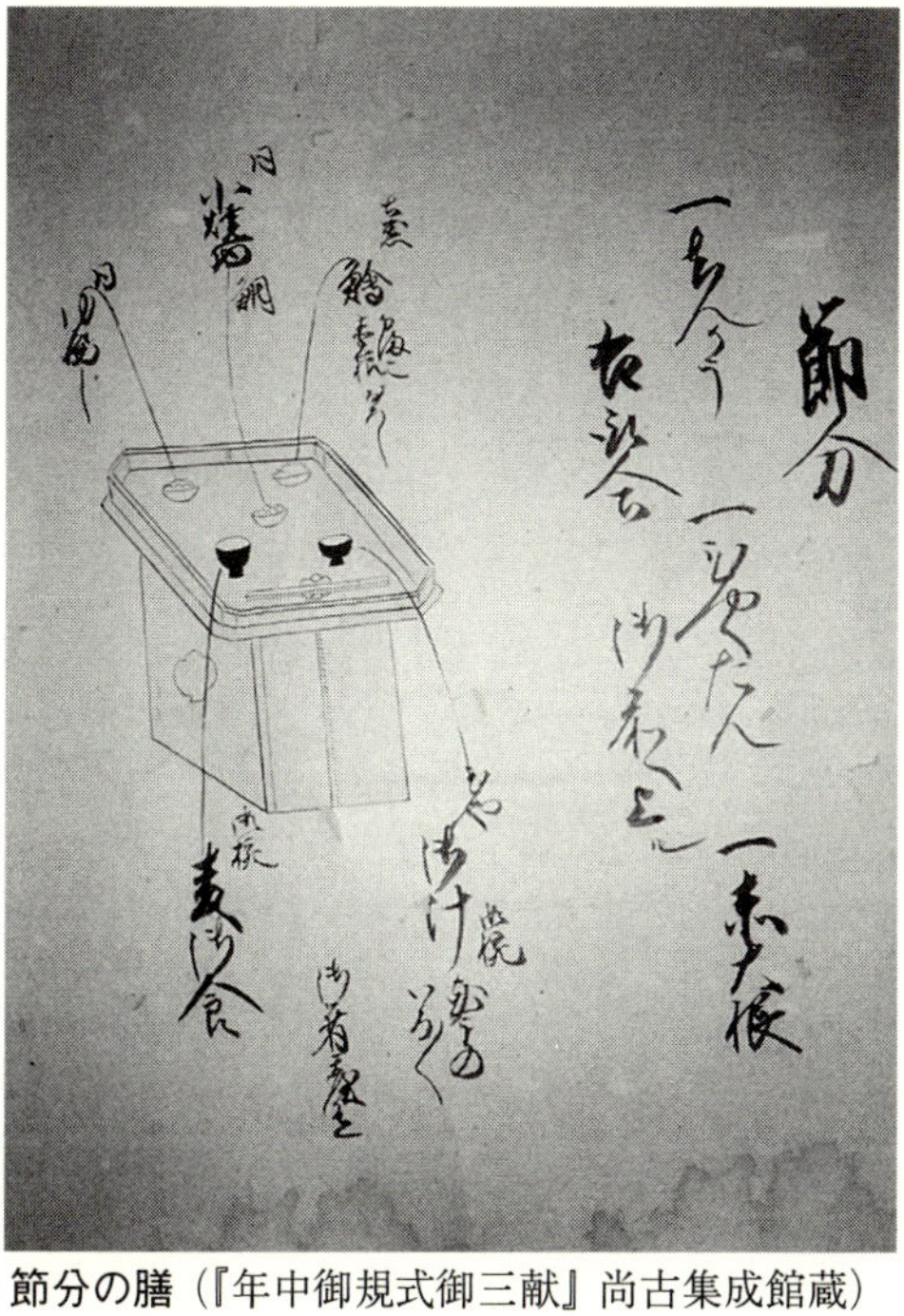

節分の膳（『年中御規式御三献』尚古集成館蔵）

と麦の御湯、大晦日の式三献につづく料理などが奥で行われたものである。

氷《ひ》室《むろ》

六月朔日は氷室である。この日、幕府へ氷を献上することが行われていたのが一般化したものだ。氷といっても、当時は現在のような氷ではなく、雪を固めてムロに入れておいたものを、六月（旧暦）という暑い夏に出して運ぶのであるから、多くは溶けてしまったことだろう。冷蔵庫もない時代、氷を扱うのは大変なことだったので、氷にかえて氷餅（かき餅）で代用するようになった。

『江戸中奥日記』の明和六年六月二日に、於薫へ「けんぴょう（堅氷）」を贈っている。さすが、大藩だけのことはある。

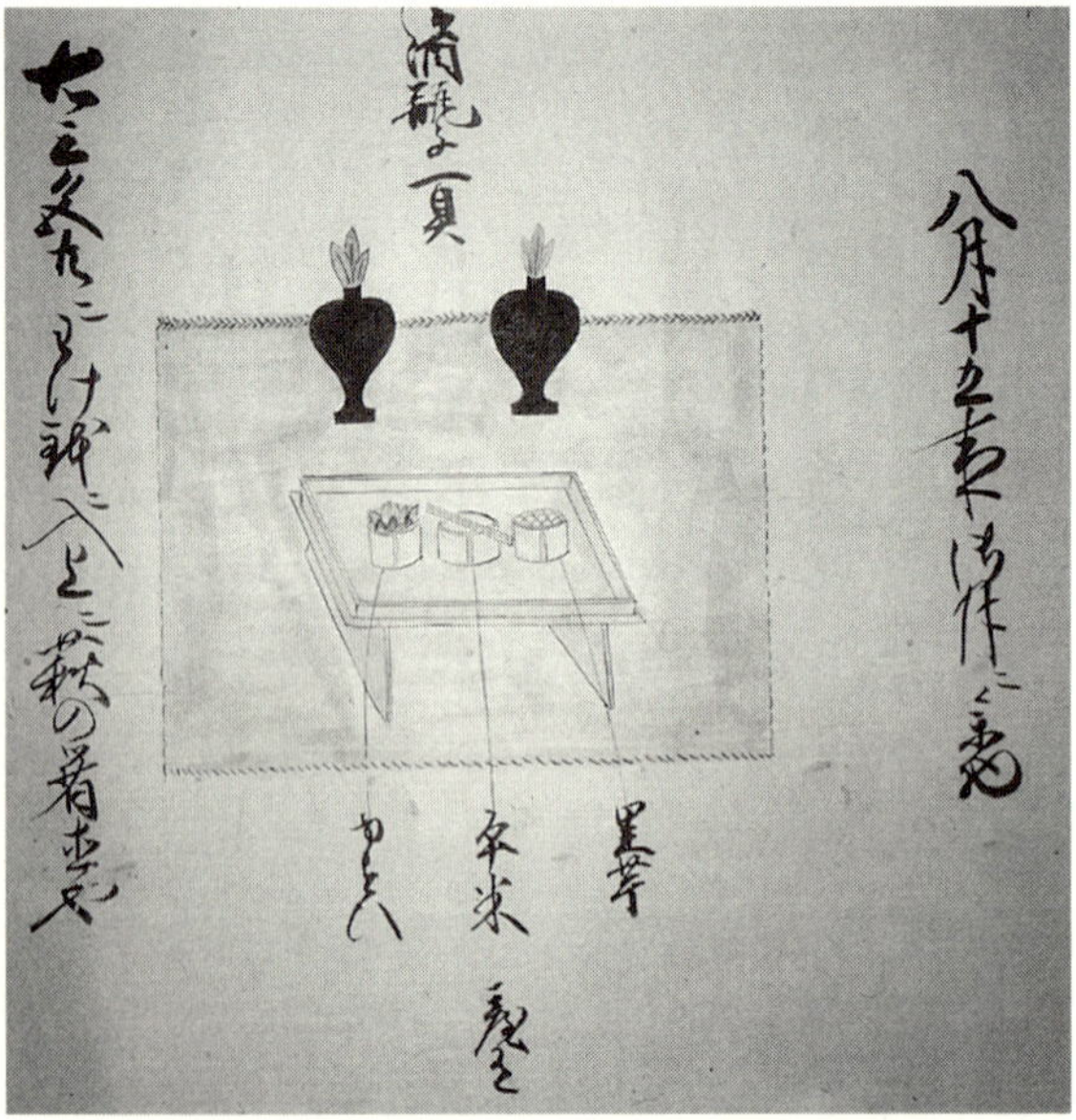

八月十五日の月見の供物（『年中御規式御三献』尚古集成館蔵）

月見・重陽・玄猪

月見は、八月十五日と九月十三日の二回行われていた。そこで、九月の月見を後の月見、または十三夜といったりして区別する。

この日、月へ供物をしていた。寛文年間の場合は、八月には里芋、平米、なすびに萩の箸を添えたものだった。文化三年の場合は、八月は同様で、九月は里芋、白餅、色柿だった。それぞれ季節のものを供えたようだ。

斉宣の時代の月見の記録から料理をみよう。まず八月十四日の月見である。

小重にはゆで芋、ゆで房豆、ゆで衣かつぎ芋である。吸物は鯛切身とゆず、硯ぶたには小串焼鯛、おら木、竹の子にしめ、塩いり山芋、まい茸にしめの五種、さらに脇盆としてゆで栗などを差し上げた。家老たちからは十紋字の御重に、上（小鯛・きす色付焼）、二（算木魚色付焼、干鮎、こが焼玉子、焼豆腐、ごぼう、ぜんまい）、三（いりこ餅）、四（高麗餅）が贈られた。また、内詰の者や若年寄、大目附衆たちからも同様に贈られた。側の御用人からは、作り台として若松、青くき、萩を、取肴としてはきんし玉子、重ね海老、川茸、かる焼くわい、ごぼうの五種、御菓子は羊羹、包みふの焼、きくりん、小らくがん、早わらび、御茶巻せんべいを差し上げた。

そして、奥向きへは取肴一種と硯ぶた、家老と若年寄へは御重を一重ずつ、御納戸奉行以下へは果物と肴台（つまみ）を下された。九月十三日は後の月見である。夕御膳は二汁三菜、御休息所では会席料理

（吸物、硯ぶた、丼）が出された。大目附以上と供の女中たちへは取肴と菓子を下されている。

次に重陽《ちょうよう》の節句をみよう。

斉彬の時代の九月九日、重陽の節句が表の包丁人によって行われた。食事を担当する包丁人には、表の包丁人と奥のそれとがいた。そして、規式に通じた包丁人は表に所属していたと思われる。したがって、改まった行事があるときには、表の包丁人が取り仕切ったらしい。

重陽の節句は、菊の咲く季節であるから、菊の節句ともいった。嘉永四年九月九日の式は次のように行われた。まず、殿様が書院へ出座され、盃事がある。それから本膳料理となる。最初は萩の御食といって、菊の花を敷いたおこわの上に栗五つをのせたものである。胡麻塩と酢あえ大根が添えられた。二の膳は塩引の肴、くらげ、雑煮である。三の膳は名

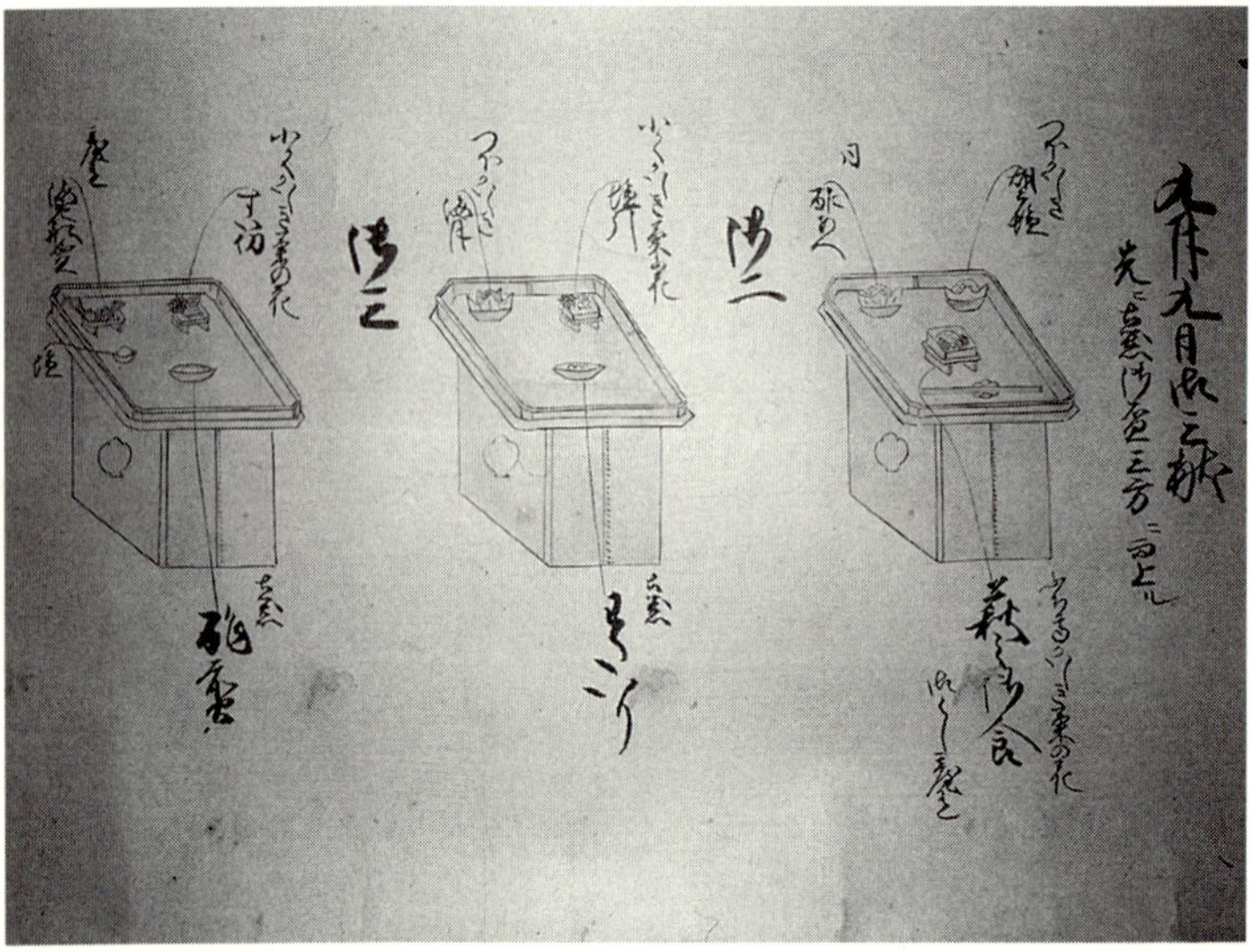

重陽節句の膳（『年中御規式御三献』尚古集成館蔵）

吉（ぼら）の切身、海老船盛、酢いりだった。

次に、玄猪についてみよう。玄猪は、猪の子ともいわれるが、十月の猪の日の祝いで、江戸時代にはこの日から炉やこたつを出す習慣があった。

寛文元年の規式には、四種のかうかい、あいきょう御飯、五色のふくめと五色の餅とある。五色の餅の風習は、宮中でもあったらしいが、大名家の場合には珍しい。

お十夜

次にお十夜について述べよう。お十夜とは、浄土宗の寺院で行われる法要で、十月五日の夜から十五日の朝までの十夜にわたる行事である。しかし、今では簡略化されて十月十二日から三日間に短縮されている。この間、参

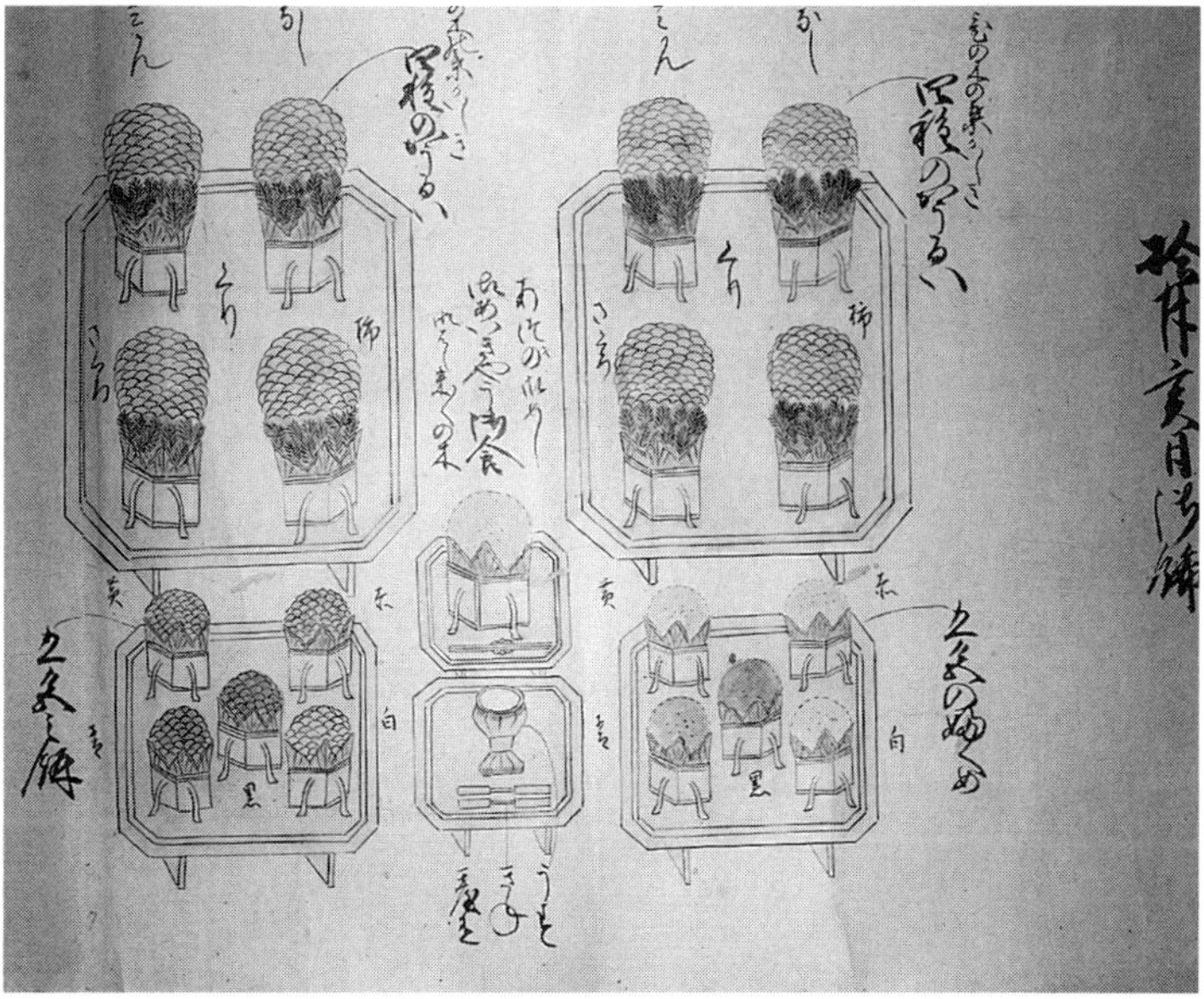

玄猪の祝膳（『年中御規式御三献』尚古集成館蔵）

詣した人々に十夜粥を振る舞ったりした。博多あたりでは、旧暦で行われていて、甘酒や味つけ飯をつくり、翌朝はおこわを炊き、大根を丸煮したものを食べたという。

島津家のお十夜の記録は、明和元年（一七六四）江戸屋敷の記録にはじまる。それは、将軍家から輿入れした竹姫の住まいへ差し上げたという記録である。それまでの島津家にはみられない行事であるから、御城内で行われていたのかもしれない。記録には「柿　数四十二　御守殿へお十夜につき進上」とある。以後、お十夜には毎年柿を差し上げている。この頃の輿入れには、実家から側女が多数ついていった。竹姫の場合は大上臈、小上臈、大年寄など七十一人がついてきたので、お城の風習がそのまま行われていたのではないかと思われる。

初　雪

その年、初めて雪が降ると、見舞いにおかべ（豆腐）やうどんなどの白いものを贈りあう風習があった。明和三年十二月二十五日に初雪だったときは、殿様・奥様より浄岸院へ蕎麦、真含院（菊姫）へうどん、家臣七人から浄岸院ならびに奥様へ豆腐一折ずつが贈られた。返礼としては浄岸院・真含院からもうどんが贈られた。

婚　礼

江戸時代には、正妻のほかに国元に側室（妾）をおく場合が多かった。それは参勤交代で一年ごとに江戸と国元とを行き来するという政策にもよった。正妻とこどもは江戸住まいが定められていた。そして、婚礼は正妻を迎える場合にのみ行われ、当然のことながら江戸で行われた。家格が重視されていた時代であったから、周囲が選んだ人について幕府に届け出、その許可を得てから行われた。まだ幼い五、六歳の婚礼もあった。

島津家の婚礼については、二十二代継豊の初婚と再婚、二十五代重豪、二十五代斉宣、二十八代斉彬の記録がある。大名家における最大の儀礼は、家督相続祝いと婚礼である。いずれも、対外的に披露することが目的だった。継豊の初婚と再婚の詳細については、前にふれた。

有卦《うけ》と無卦《むけ》

有卦とはすること、為すこととみな良いほうに向かう縁起のよい年まわりで、七年つづくとされた。この考えは、陰陽道の考えにもとづくもので、人の年まわりを生年と五行、十二運の関係から吉と凶に分け、「胎・養・長・沐・冠・臨・帝」の七つにあたるといい、良いほうを有卦とし、「衰・病・死・墓・絶」の悪い五つにあたる年を無卦とするというものである。無卦に入ると、祝いなおして有卦にするといって、どちらにせよ祝っていた。この風習は、江戸時代には大名家などでかなり行われていた。現在でも「うけに入る」という言葉が使われることがあるのは、これに由来していて、よい運命にめぐりあうというような意味で使われる。

さて、江戸時代、有卦に入ると、七にちなんで「ふ」のつく七つの品を贈り合う。『日記』には、具体的な七つの品については記されていないが、臼杵藩稲葉家の文久元年（一八六一）、殿様の有卦入の場合には、川舟の水に泳がせた鮒三十疋、麸、ふんどし、筆洗、ふろしき、船頭、福助の七品、慶応三年（一八六七）、殿様の母の有卦入には、福助、ふくさ地、フラスコ、ふし、ふか、ふるい、ふり出し壺、また側女中には夫婦模様目出度盃、文筒、紫ちりめん袋、白羽二重ふとん地、ふんどう、ふさようじ、さらしふきんというように、男性向きと女性向きの品とがあったようだ。

島津家の場合、宝暦十二年（一七六二）、浄岸院が有卦入、明和六年（一七六九）には無卦入との記録がある。宝暦十二年五月八日、浄岸院が有卦入となった。お祝いとして、こわ飯と菓子を配った。明和六年十二月五日、大納言（十代将軍家治）も浄岸院も同じ日に無卦入となった。浄岸院に対しては、お城から上使がつかわされている。

出生・お七夜・宮参りなど

出生に関するものをみてもお七夜、宮参り、百十日の祝儀、初誕生の祝いなどがある。これらの儀礼の食については、残念ながらあまり詳細な記録はない。

安政四年（一八五七）九月九日、男子が生まれた。翌日は式日という普段より着飾った服装で祝儀を申し上げ、殿様が御出生様へ対面したのは十二日、見舞いはうなぎと御菓子だった。嘉永五年（一八五二）七月、斉彬の第十一子典姫が生れたときには、御出生様へ二汁五菜の祝いの御膳が届けられている。お七夜には哲丸と名前がつけられた。鯛と金子が贈られた。誕生祝いは廿一日に行った。十二月廿四日は、百十日の祝いをした。これは箸初めともいわれる。この日、箸初めの料理二汁三菜を下されたが、その内容についての詳細はない。

成長して初めて袴を着けるときも着袴の祝いをする。料理は箸初めと同じく二汁三菜である。干鯛と肴代が贈られた。干鯛とは、江戸時代には祝儀や年中行事につきもので、やりとりが盛んに行われた。江戸では干鯛屋もあったらしい。現在では、伊勢神宮の供物としてのみつくられている。

髪置、紐ときは、現在の七五三にあたる儀礼である。

その他、元服などの人生儀礼が行われているが、食生活についての詳細はほとんどない。

葬　儀

『日記』には、死に関する記録もある。二十四代藩主重年と、藩主の室および老女についてである。

宝暦四年（一七五四）閏二月一日、重年の室が亡くなった。死の翌々日、沐浴ののち、鶴の間の上段に安置された。供物は御守殿より饅頭、菊姫より御菓子、一同へは志《こころざし》としてやわやわ（おはぎ）が出された。葬儀は同月九日、江戸の大円寺で行われた。香典のほかは、蒸籠、食籠、餅菓子などを供えた。

藩主重年は、宝暦五年（一七五五）六月十六日に亡くなった。この年の四月十五日に登城した重年は、桜田屋敷へ帰ってから体調をくずした。参勤交代で帰国することになっていたので、同月廿三日には帰国延引の願いを提出した。むくみが出たと記されている。毎日のように医者が詰めた。そして、倒れてから二ヵ月後に亡くなった。重年の葬儀については、ほとんど記載されていない。おそらく、別帳にされたと思われる。

重豪の室保姫が亡くなったのは、明和六年（一七六九）九月廿六日だった。九月廿九日出棺、大円寺に三日滞棺ののち、十月三日に葬儀が行われた。浄岸院からの供物は焼饅頭だった。この当時の供物には、焼饅頭や蕎麦、食籠、御重などがよく用いられた。公方様（将軍家治）からは、銀十枚の香典が供えられた。それは、重年の室の場合になかったことで、重豪の親代わりだった竹姫に対する心遣いや、保姫が一橋家の出だったからであろう。

三七日がすむと、忌あけとなる。この日、中奥の大そうじをし、新しい火に改めている。保姫が病弱で、こどもが生まれないのを心配して、浄岸院が国元に側室をおくように計らった。のちに夫人となる甘露寺前大納言矩長卿の娘綾姫である。重豪は当時の藩主としては珍しく、側室を置いていなかった。明和三年（一七六六）、綾姫は国元へ向かった。したがって、正妻の死後はすんなりと綾姫との再婚の運びとなった。正妻を亡くしたのが九月二十六日、再婚したのは翌年の六月二十一日と、まる一年たっていなかったのも、こうしたいきさつがあってのことである。

浄岸院は、明和七年重豪ののち添えを決めた翌々年の安永元年（一七七二）、安心したかのように六十八歳でその生涯を閉じた。

老女春井の死の場合には、宝暦十二年（一七六二）の五月頃から体調をくずしていた。毎日のように、お屋敷へ医者が来て、物見などあまり目につかない場所で診察を受けていたようだ。薬が処方されたが、はかばかしくなかったのか、途中で薬を変えている。祈祷もたびたび行われた。

見舞いには最初は肴、蕎麦など、容体が悪くなると見舞いの品として煮梅や葛きり、真桑瓜、長芋など消化のよさそうなものが選ばれた。毎日のように、春井への見舞いの記述があるところをみると、上屋敷のそばおそらく長屋で療養していたと思われる。そして、六月廿六日「春井殿、病気差おもき中につき、今晩四ツ前（十時前）に下り候」という記事につづいて、翌朝亡くなったとある。側女中などが病気の場合、お屋敷内で死ぬことはなく、回復の見込みがなくなると、宿へと帰されたのである。したがって、側女中の葬儀の記録はない。喪があける精進あげには、魚を使ったはんぺんなどが贈られた。

このように、側女中の病気看病の記録があるのは、老女だったからだろうか。他の側女中については記されていない。

第九章　島津家の包丁人

寛永から幕末までの包丁人石原氏

島津家の包丁人石原氏については、土田美緒子氏の『規式・料理文書の概要について』に詳しいので、その中から引用させていただく。

初代石原佐渡守は料理の大草流や包丁作法・料理故実にたけていて、上方で十七代島津義弘に召し出されたという。慶長三年（一五九八）頃のことらしい。それ以来鹿児島に移って、藩の公的な行事や島津家の行事をつかさどってきた。それまでの島津家の料理規式は、鎌倉流というあまり普及していない流派で行っていた。したがって、上方においての客の饗応の場合に、不便を感じることがあったようだ。尚古集成館には料理関係の文書が二〇五点残されている。このように大量の記録があるのは、代々の包丁人石原家の力に他ならない。では、包丁人石原家について述べよう。

初代石原佐渡守宗治は、慶長三年以降、上方で御用を勤めていた。元和元年（一六一五）、知行五〇石で召し抱えられ、鹿児島へ移り住んだ。元和二年、十八代家久上洛のお供をしたり、寛永七年（一六三〇）

には、将軍徳川家光の島津邸（桜田屋敷）への御成を取り仕切ったりした。正保三年（一六四八）に亡くなるまで、他藩に恥じない料理をつくる努力をしたのである。

以後、年代順にみると、二代石原嘉右衛門家周（加右衛門とも）、三代石原次郎右衛門家治（二郎右衛門とも）、二代とは別の石原嘉右衛門、石原渡右衛門、三代とは別の石原次郎右衛門周春、石原伝右衛門周則、石原越右衛門周貞、石原伝右衛門周斐、石原加右衛門周瑞と一〇人の名前がある。最後の記録は慶応三年（一八六七）である。

この間、三代石原次郎右衛門は琉球の中城王子の饗応（一六七五年）や二十一代吉貴の婚礼（一六九四年）、石原嘉右衛門は二十二代継豊の婚礼（一七二三年）、竹姫入輿の座敷飾りと配膳（一七二九年）、石原次郎右衛門周春は宝暦九年（一七五九）垂水家の薫姫と佐土原藩主島津淡路守との婚礼、二十五代重豪の婚礼（一七五九年）、中城王子の饗応（一七七三年）など、石原加右衛門周瑞は二十八代斉彬の婚礼（一八一五年）というように、重要な規式や料理を担当した。このように歴代の包丁人石原氏は、江戸初期から幕末まで島津家の食べ物の調整にその力を発揮した。

石原氏については、『当流料理献立抄』（刊年不詳）に、「包丁の四家というは、野口（七五三の家）、熊田、石原、福田（以上三家は五々三の家）。これ包丁の四家といえり。朝鮮人来朝のときも、此四人料理の事をつかさどるなり」とある石原家がその流れをくむ家ではなかろうか。

その理由は、島津家の饗応様式に五五三が多いことによる。『御献立留』の最高の様式のすべては五五三で行われている。五五三よりも丁重な様式は七五三であるが、『御献立留』より時代が下ってからは、島津家でも婚礼などが七五三で行われることもあった。

また、朝鮮人来朝すなわち朝鮮通信使が来たときの七五三の膳は、勅使（三使臣）三人と副官（上々官）二人だけに出され、以下上官、中官、下官ほかは、それぞれ身分に応じた饗応だった。一行は、朝鮮を出発して対馬から瀬戸内海、兵庫から大坂、京都、そして東海道の各地を休憩・宿泊しながら江戸へと向かった。それぞれの地でのもてなしは、幕府によって各大名に割り当てられ、国をあげて饗応をしたのだが、そのとき、石原氏は指導的な立場だったように思える。

鹿児島には、「石原どんの投げ塩」という言葉があるらしい。これは「石原さんの料理は大まかなようで塩梅が良い」という意味らしい。それだけ、鹿児島全体に影響をもたらした料理人だった。初代石原佐渡守および石原伝右衛門周斐の墓は、今でも鹿児島市の坂元墓地内にある。

『御献立留』について

『御献立留』については、今までたびたび引用してきたが、島津家の包丁人石原氏によって記された献立の記録である。年代別にみると、寛文八年（一六六八）から元文二年（一七三七）までの七〇年間におよぶ一三三例がある。多いのは寛文から貞享四年（一六八七）にかけての二〇年間で、全体の九八％を占め、それ以降のものは正徳元年（一七一一）、享保元年（一七一六）、元文二年の各一例と少ない。

包丁人でみれば、二代石原嘉（加）右衛門および三代石原次（二）郎右衛門の頃となる。残りの三例は、石原嘉右衛門または石原渡右衛門が書き加えたと思われる。

目的別にみると、祭り四例、関狩り・馬追い九例、領内巡見四二例、法事など二四例、琉球関係一五例、諸国より使者一一例、鶴・鳫ひらき四例、その他二四例である。もっとも多いのは領内巡見で、それは十九代光久の加治木ほかの東国巡見および二〇代綱貴の修理大夫襲名後の初入国関連の記録である。

饗応の様式別にみると、「五々三」という高級なもてなしは、菩提寺福昌寺の入院と光久の従四位上へ叙せられたときの南林寺での立願成就の祝いの二例だけだった。本膳料理の三汁九菜が出されたのは、琉球の中城王子や豊見城王子、大黒按司への振るまいや返礼などの琉球関係、巡見では光久の荘内の計六例、次いで三汁八菜では家宣の将軍宣下の祝い、福昌寺三十六世和尚や大乗院の入院、南林寺や妙谷寺へ御成、薩州様の西国御上路の金山などの九例、三汁七菜では大納言若君出生や光久の中将任官祝い、諸国巡見などの一一例だった。このような丁重なもてなしに対して、軽いものとしては法事や諸国よりの使者へ三汁五菜、巡見では三汁六菜が多く、関狩・馬追いではほとんどが二汁三菜だった。

どのような場合でも、各地でこのような記録がなされたのは、前例にならうという考え方が根底にあって、それが後世の参考にされたのではないかと思える。

献立中の材料についてみよう。

鶴は、江戸時代には最高の鳥とされていたことは前にふれた。その鶴が使われた場合をみると、鶴のひらきの四例はもちろんのこと、琉球の中城王子・豊見城王子や名護按司・大黒按司、池珠・船原・摩文仁の各親方衆へのもてなし、将軍宣下の祝いといった場合に用いられている。これらの客人へのもてなしは、島津家にとって重要だったことを示している。その中で、有馬中務よりの使者への三汁四菜の場合にも鶴が使われた。使者へ対して鶴が使われたのは、珍しい例といえるだろう。諸国よりの使者は、このほか佐土原（佐土原藩二万七〇〇〇石）、秋月佐渡守（日向磯部三万石）、山内大膳（土佐中村三万石）、五島佐渡守（福江藩一万二〇〇〇石）など近隣の藩からと、商人らしき名前がみられる。

次に、獣肉類について、「にく」および猪、鹿の用いられ方についてのべよう。獣肉類が献立のどこかに用いられた例は全部で三〇例、『御献立留』全体の一割強である。そして、その半数は琉球関連だった。「にく」はかもしかのことかもしれないが、「にく」が用いられた事例のほとんどは琉球への接待である。次に多いのは猪肉である。猪の用いられたのも半数は琉球関連、鹿は琉球関連や鶴のひらき、関狩、巡見、その他などまんべんなく用いられている。

このように、獣肉類が琉球関連に多く用いられたのは、琉球で日常的に食べられていた豚肉料理に近いものを琉球からきた客人に出したためではなかろうか。

次に、鳥類の中でもっとも多く用いられたのは鴨の三一・五％、雉は一六％、この二種類で約半数である。その他の鳥類が用いられたのは少なく、中でも鶏は『御献立留』中、琉球の中城王子の場合と薩州様御上路の二例しかない。このことから、江戸初期には鹿児島ではまだ鶏はあまり食べられていなかったといえる。ひょっとすると、天武天皇の肉食禁止令が、尾をひいていたのかもしれない。

次に、中国風の素材である燕の巣、ふかひれ、龍眼などについてのべよう。

まず「えんず」である。「えんず」とは、燕巣、すなわち中国料理によく使われる燕の巣である。燕巣は、最初の本格的料理書『料理物語』（一六四三年刊）に出てくる。その用途は、さしみ、吸い物、いり鳥に入れて用いるとある。井原西鶴の『万の文反古』（一六九六年刊）には、「吸物、燕巣にきんかん麩、いずれも味噌汁の吸物無用に候」とあって、江戸時代には、かなり広く用いられていたようだ。そして、江戸後期の国語辞典ともいうべき『俚言集覧』には、「燕窩、ルソン島および南洋諸島に産す。西土人珍羞第一品となす。鳥の巣にて…略…吸物などに加えて賞玩す」とあり、この頃には世界的な珍味として知られるようになっていたらしい。島津家では、将軍宣下の祝いや琉球の王子へ、そして殿様から下さった御馳走などに用いられた。一三回のうち八回はさしみ、三回はかき鯛というなます風の料理だった。

次に、ふかひれである。これも、現在では中国料理の高級食材として知られているが、光久が帖佐と田尾へ出かられたとき、なますに用いられている。

次に、龍眼である。龍眼は中国南部原産とされ、その薄い果肉が甘いところから、果肉だけを集めて龍眼肉とし、菓子として用いていた。龍眼肉はオランダ船によっても運ばれた。『長崎オランダ商船日記』の承応元年（一六五二）二月十三日の積み荷の中に龍眼七樽、同十六日にも龍眼・支那胡桃二十かごがある。『御献立留』には、ただ一回しか出てこない。それだけ珍しい、貴重なものだったのかもしれない。

それが用いられたのは、大納言の若君出生祝い（一七三七年）の後菓子だった。珍しい果物だったから、島津家では佐多の薬園で栽培を試みているが、大量生成まではいたらなかったらしい。佐多町伊佐敷には国指定の佐多薬園跡が残されている。

このほか、唐くらげなどもあった。このように、江戸初期の島津家の料理には、中国や琉球の影響を色濃く残しているといえるだろう。

魚鳥の切り方

年頭や慶事に、魚や鳥を参会者の前で料理して、料理の型を披露することを包丁式という。はじめは皇室の行事だったのが、江戸時代には将軍家や大名家でも行うようになった。これに用いられる材料は、鶴か鯉が多かった。まな板の寸法も決められていて、包丁人は烏帽子装束の姿だった。

島津家でも、鶴の包丁式が行われていたが、その時期は必ずしも正月というわけではなく、十一月や十二月末ということもあった。

包丁式の作法は、各流派ごとに決まりがあって、切った鶴の並べ方もさまざまだった。江戸初期の『料理切方秘伝』は、四条家相伝のものらしいが、この中に『三十六之鯉』として鯉の切り方、魚集鰭名として鯛やすずきなどいろいろな魚の切り方、鳥・水鳥として鳥、鴨、がん、鶴、白鳥の切り方が図で示されている。

この作法は、大名家にとっても大事なことだったらしく、島津家所蔵の料理関係の文献中一三種類の文書が切り方に関するものである。なかでも『大草流包丁切形』は、寛永十一年（一六三四）、薩摩伊勢家の伊勢兵部少輔貞昌から初代包丁人石原佐渡守へ伝授されたものである。

では、島津家の流派だった大草流の切り方についてみよう。鯉の切り方は一一種、すずき四種、鰹三種、王余魚（かれい）二種、鯛五種、鶴一種が示されている。

四条流の『料理切方秘伝』の場合は、鯉四六種、鰹、まながつお、鯛などの魚二八種、鶴、白鳥などの鳥一一種である。四条流と大草流で同じ名前のつけられた切り方は、鯉では「片身下之鯉」、鯛では「式鯛」・「肴鯛」、鶴では「千年之鶴」だけだった。しかし、同じ名前の切り方であっても、その並べ方すなわち図は異なっている場合が多い。「千年之鶴」という切り方があちこちにあるのは、将軍の御成のときにこの切り方で出すという決まりがあったためらしい。そして、『大草流包丁切形』のほかに、たくさんの包丁切形の書があり、その中には四条流とよく似た「御前包丁之鯉」や「出陣

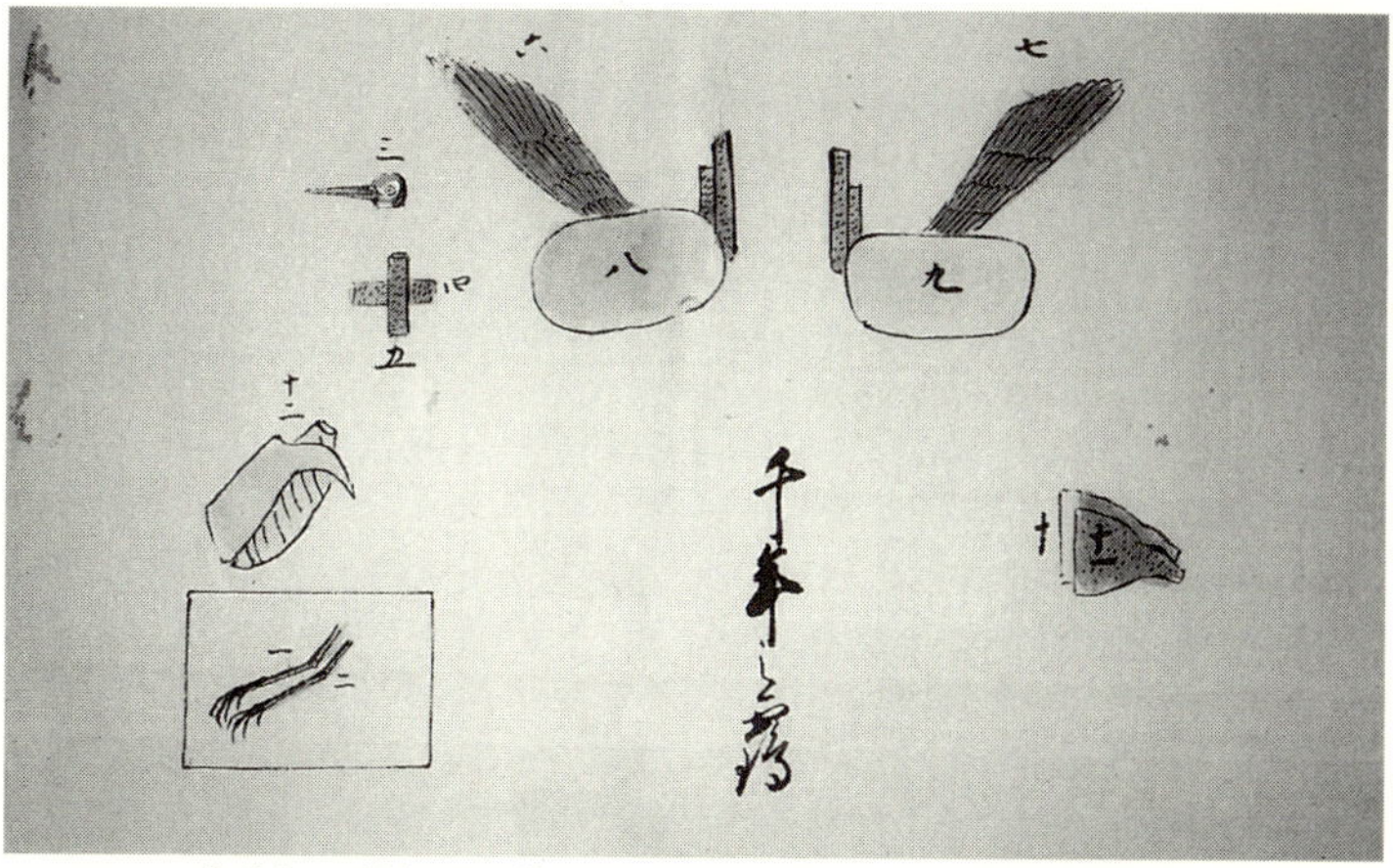

「千年の鶴」図（『大草流包丁切形』尚古集成館蔵）

之鯉」、「元服之鯉」、「式の鳫」などがある。

一方、「振鯛」や「祝言鯛」「鯛三枚下」「秋之鱸（すずき）」「早の蛸」「清山鯉」「まなかつお燕」「祝之鯛」「浪越」「嫁娶」「蘇武鳫」「夜の鳫」「式之鶴」「夜越鶴」「祝之鶴」「式の雉」など、他の流派ではみられない新しい切り方がある。それは、いろいろな切り方を参考にしながら、独自のものをつくり出していった包丁人の研究の成果であろう。

第十章　鹿児島の郷土料理と菓子

すし

すしは日本人の好む食べ物のひとつで、今では世界にその名が知られるようになった。しかし、中世から江戸初期のすしは現在のものとはまったく異なるものだった。

島津家の記録から、すしの変化をみてみよう。『御献立留』には一六七〇年頃の例がかなりある。材料は次のような組み合わせでつくられた。

一　鯛　あわび　たで
一　鯛　あわび　竹の子
一　鯛　小鮎　たで
一　鯛　くわい　漬たで
一　いか　石貝　のり　たで
一　鮒　あわび　鮎

一　子籠鮭　鯛　鮎　あわび　たで

このように飯は使わず、生魚、生貝を主とし、たでをあしらったものが多い。この材料に塩を加え、漬け込んで発酵させたすっぱいものだった。このようなすしをなれずしというが、寛政元年（一七八九）の斉宣、嘉永四年（一八五一）の斉彬の記録には、このようなすしの形はほとんどみられない。したがって、魚を発酵させるすしは、江戸中期には失われつつあったといえるだろう。

現在、鹿児島のすしといえばたっぷりの地酒を使った酒ずしがある。米一升に地酒八合を使って、酢は使わない。鯛や小えび、いか、かまぼこ、こが焼き（白身魚のすり身入り卵焼き）、竹の子、ふき、干椎茸、せり、みつば、山椒など春の香りのする手間ひまかけたすしである。この酒ずしは、島津家の文書中には出てこないが、こが焼きはたくさんみかける。

鶏　飯

奄美大島の郷土料理のひとつに、鶏飯がある。昔は、家の庭先で鶏を三、四羽飼うという風景をよくみかけた。だから、庭の鳥すなわち庭鳥といっていたのである。お客がくるといえば、それを殺して振る舞うことが多かった。

奄美大島の鶏飯は、鶏がらをよく煮出して、鶏肉や具を煮、別に味をつけた煮汁を具を乗せた飯の上からかけて食べるものである。このつくり方は、江戸時代の『南蛮料理書』にある「南蛮料理」によく似ている。「南蛮料理」は、鶏を丸ごと煮て、その煮汁をくちなしで黄色に染め米を入れて炊き、飯の上にゆでた鶏をさいてのせて食べる。鶏を丸ごと使うという料理は、江戸時代にはほとんどない。いろいろな飯について書かれた『名飯部類』（一八〇二年刊）や『料理網目調味抄』（一七三〇年刊）、『料理伊呂波包丁』（一七五一年刊）、『素人包丁』（一八〇三年刊）などに「鶏飯」がある。このいずれもが奄美大島の「鶏飯」と同じく、かけ汁をかけて食べる式である。しかし、今まで調べた数多くの古文書には、「鶏飯」という記録はみかけないので、まだ一般的なものではなかったようだ。

では、江戸時代にこのほかの鶏料理はたくさんあったのだろうか。鶏のことは、別名「かしわ」ともいう。この両方を含めて料理書を調べてみると、前述の『料理網目調味抄』には、「もうりょう」という煮物や串焼き、鳥味噌などに使われると出ている。

しかし、島津家の三〇〇例をこえる献立記録中、鶏が使われたのは「かしわ」という記述を含めてわずかに四例に過ぎないし、他の大名家の記録にもほとんどない。したがって、江戸時代にはまだ鶏を使った料理が広まっていなかったことを示している。

島津家で鶏が使われたのは、寛文十二年（一六七二）三月、若殿様の国内巡見のときの二の汁、琉球の大次への料理に引物として焼き鳥、そして重豪が正月に琉球仮屋へ入ったときの唐風の鶏料理だった。斉宣、斉彬の時代になっても鶏料理はない。

豚肉料理

斉彬の時代に豚肉の記事がある。初入国の祝いに、「豚汁」と「いり豚」が奥女中たちに対して出された。この「いり豚」は、鹿児島の郷土料理「豚骨」ではなかろうか。豚骨のつくり方は、骨付きの角切り肉に焼酎をたっぷり加え、三時間くらい煮込む。その煮汁で大根やこんにゃく、ごぼう、生姜を煮て、添える。

これより以前の重豪時代のしっぽく料理、琉球使節への接待には豚が使われているし、江戸の薩摩屋敷で豚が飼われていたという記録もある。大名家では珍しいことである。

奄美大島などでは、江戸時代からどの家でも豚を飼っていた。そして、豚を使った「豚骨」や「豚汁」「豚味噌」などの料理を育んだ。これが、本島へと伝えられたのである。

しゅんかん（笋羹・筍羹）

しゅんかんは鹿児島の郷土料理として知られているが、江戸時代以前からあった。

しゅんかんのしゅんとは、竹の子のことなので、材料には必ず竹の子が使われ、ほかにわらびやくしこ（なまこの干物）、えび、はまぐり、とこぶし、かまぼこなど五、六品を取り合わせた煮物である。一六七〇年頃のしゅんかんの例をあげよう。

一　漬竹の子　漬わらび　伊勢海老　半ぺん　とこぶし

一　漬竹の子　漬わらび　伊勢海老　くしこ　大はまぐり　山椒
一　わらび　竹の子　ちくわ　かんぴょう　ほうれん
一　わらび　竹の子　玉子はんぺん　大はまぐり　山椒
塩漬の松茸が使われたこともある。

〈精進のしゅんかんの例〉
一　漬竹の子　揚げ豆腐　漬わらび　山芹
一　漬竹の子　漬わらび　こんにゃく　蓮根
一　漬竹の子　揚げ豆腐　川茸　山芋
一　漬竹の子　揚げ豆腐　昆布　山芋
一　竹の子　半ぺん　かんぴょう　芹　山椒

現在では、孟宗竹にごぼう、人参、しいたけ、桜島大根、ねぎなどの野菜に豚の三枚肉を加えたものとなっている。江戸時代のしゅんかんと、現在のそれは大きく違ってきているが、昔から変わらないのは竹の子である。

雑　煮

江戸時代の島津家の雑煮の記録をみると、祝儀の雑煮と、寺に関係した精進の雑煮の二通りがある。

島津家の雑煮の具は、くしこ（なまこの干物）、串貝（あわびの干物）、大根、里芋または山芋、昆布、花鰹、豆腐、菜などに、串柿ともやしが使われた。串柿ともやしは、他にはほとんど例のないことである。雑煮に串柿（干柿）を使うと、全体に干柿の甘い味がつく。島津家の現当主は、昔の雑煮は甘かったようだといっておられる。

この、もやしを使う雑煮は、現在でも鹿児島から熊本にかけてみられる。島津家のこのような雑煮は、江戸初期から幕末の斉彬の時代まで同じようなものだった。

では、雑煮はどのようにときに食べたのだろうか。正月をのぞくと、まず婚礼である。式正料理という儀式料理には雑煮膳はつきものだった。そのほかには、参勤交代の着城および出発のとき、鎧の着初めなどのときなどである。また、家督相続後、初入国のときの寺院への参詣、そして新年の参詣のときには各寺ごとに精進の雑煮が出された。

昭和初期の鹿児島の雑煮は、鶏またはえびなどでとっただしを使い、具には里芋、結び昆布、ところによっては椎茸、大根、里芋、豆腐、ほうれん草などを入れるという。また、干車海老をもどして使う雑煮も伝承されている。

かるかん

かるかんのことを軽羹と書く。軽い羹という意味からきている。この羹という字が使われるのは、羊羹と同じように、中国に由来した菓子といえる。かるかんが初見されるのは、元禄十二年（一六九九）鹿児島で行われた二十代綱貴の五十歳の賀の祝いのときだ。このときの飾りの蓬来山は、畳一枚くらいの大きさの足付の台に、めでたい亀や松竹をあしらい、菓子は羊羹、ういろう餅、かるかん、かすてら、有平糖、花ぼうろ、焼饅頭など二九種類が三つの扇形の桶に入れたものだった。ひとつひとつの菓子の多さも半端ではなく、膨大な菓子の山だった。

島津家で、かるかんがどのようなときに使われたかをみてみよう。

古い順に、元禄十二年の鹿児島での綱貴の五十歳の賀の祝い、正徳六年（一七一六）の将軍家某の二歳に御成の祝い、享保十四年（一七二九）将軍家から島津家へ嫁いできた竹姫の江戸での三つ目の祝い、宝暦三年（一七五三）琉球の読谷王子が弓の稽古を御覧になったとき、

正徳６年の将軍家某の二歳に御成の祝膳の再現
（『かるかんの歴史』より）

明和四年（一七六七）浄岸院（竹姫）の新年の祝い、同年浄岸院が江戸の御守殿に老中阿部伊予守を招いての宴席、安永二年（一七七三）琉球の中城王子への五五三の祝い膳、同年重豪が中城王子の居た仮屋を訪問したときなど、すべて第一級の接待に使われる菓子だった。

斉宣の時代になっても大宜見王子に出されたりする一方で、かるかんがやや普及してきたのか、家臣の大目附以上から献上されたり、琉球の親方衆へも下されたりするようになった。また、斉彬の時代になると新製品のかるかん饅頭もつくられるようになった。

では、料理書などにはいつ頃からあったのだろうか。最初の記述は、寛政期（一七八九～一八〇〇年）の菓子商紅谷志津摩の目録中にある。これは、江戸の記録なので、鹿児島の方が早くからつくられていたことになる。江戸時代から、すでに鹿児島の名物菓子だったのだろう。なぜ、鹿児島でかるかんが名物なのかは、その材料によるところが大きい。もっとも品質に影響を及ぼすよい山芋がとれるということである。米粉の上品な白い色に、山芋の風味がマッチしたかるかんは、三〇〇年も愛されつづけて鹿児島銘菓となっている。

高麗餅（これ餅）

高麗餅と書いて、鹿児島の人たちはこれ餅という。高麗（こうらい）とは、朝鮮半島を支配していた王朝（九一八～一三九二年）のことで、その名に由来する菓子である。

薩摩藩では、文禄・慶長の役ののち、連れ帰った陶工たちの技術を生かして、苗代川で薩摩焼をつくらせた。陶工たちは、玉山神社をまつって遠い故郷をしのんだという。その玉山神社の祭りの供物が高麗餅である。祭りに供えられたものは、現在の高麗餅とはかなり違って、下に穴のあいた陶器の蒸型に荒びきの米粉と砂糖をまぜて入れ、その上下に煮小豆を並べて蒸したものである。

島津家の高麗餅は、延宝二年（一六七四）琉球の中城王子へ出されたのをはじめとして、やはり高級な菓子だった。浄岸院の住まい江戸屋敷の御守殿でも用いられている。そして、もうひとつ目につくのは、法事によく用いられていることである。現在も、高麗餅は法事に使われることが多いらしいが、その歴史は江戸時代にさかのぼることができる。

玉山神社祭礼供物の高麗餅

島津家で高麗餅が多数みられるようになるのは、寛政期の斉宣の時代である。その後の斉彬の時代になると、新しい菓子の種類がとても多くなって、一回に出される菓子数は五種類以上だった。

琉球でも高麗餅がつくられた。それは、鹿児島での接待によく出されたし、料理人たちに伝授されたかららだろう。金城須美子氏の『宮良殿内・石垣殿内の膳符日記』には、鹿児島と同じように法事に出されているることが記されているが、それは偶然のことではない。

煎粉餅（いりこ餅）

煎粉餅と書いて、鹿児島の人はちぢめていこ餅という。炒った米の粉に砂糖を加えてつくる菓子である。鹿児島の煎粉餅の歴史は古い。それは、江戸初期の寛文九年（一六六九）に二回、以後も多数出てくる。高麗餅に比べると、やや軽いもてなしに用いられ、琉球王子の接待などには使われなかった。煎粉餅が出されたのは、諸国からの使者へのもてなしや、領内の巡見のとき脇元、向田、横井、金山などである。その多くが茶菓子としての記録である。茶菓子とは、料理がひと通り終わったあと、お茶が出されるときに昆布などの海草類一品と野菜の煮物など一品の計三品出されることが多かった。

ひとつ面白い記録がある。安永二年（一七七三）、琉球仮屋で唐風の料理が振る舞われたとき、点心（デザート）に「いり米こう」という菓子が出されている。「いり米こう」のつくり方の詳細はないが、「こう」というのは蒸し菓子のことなので、煎粉餅と同じものかもしれない。となると、中国から伝えられたとも考えられる。

斉宣の時代になると、煎粉餅がかなりひんぱんに出てくるが、斉彬の時代には少ない。しかし、紅いりこ餅という記録がある。斉彬は紅色が好みだったのか、紅あん入り葛餅、紅杢目羹などもある。斉彬は煎粉餅のような庶民的な素朴なものは、あまり好みでなかったのか、かなりのグルメらしく菓子も京菓子風な名前が多い。

煎粉餅については江戸や上方の記録ではあまりみかけられず、九州地方に多くみうける。江戸で煎粉餅の名がみられるのは、下町の食べ物案内書『七十五日』（一七八七年刊）である。昔から、庶民的な菓子のようだ。

もく目羹

もく目羹とは、その名のとおり木のもく目の模様をつけた棹物菓子である。現在、鹿児島ではこの菓子のことを「きもくかん」ということが多いらしい。しかし、島津家の文書には「杢目羹」と書かれているので、「きもくかん」とは読めない。

このもく目羹は、いつ頃からつくられていたのだろうか。島津家の江戸初期の料理書『御献立留』には、もく目羹はない。初見は、二十六代斉宣の弘化三年（一八四六）のことである。もく目羹は、斉宣が少将（斉彬）および家老三人と大奥で寄り合いをしたときに出された。このときの献立は、それまでの本膳料理という日本料理の様式を簡略にした会席料理だった。料理が終わったのちの硯ぶたに、物菓子として紅もく目羹、小倉野、早わらびの三種が出された。

もく目羹は、斉宣に好まれたのか、その後何回も出てくるようになる。さらに、斉彬の時代には、月に一回くらいのペースでみられるようになり、練りもく目羹や焼もく目羹などの新しいもく目羹が考案された。とくに紅もく目羹は、斉彬の初入国の記録に多い。

南蛮菓子

かすてら

かすてらは、南蛮船によってはるばるポルトガルから伝えられた菓子である。日本の再南端に位置する鹿児島は、南蛮船の通り道だった。したがって、南蛮菓子の足跡も多い。

九州でのかすてらについてのもっとも古い記録は、イギリスやポルトガルの商館が置かれていた平戸で、慶長十八年（一六一三）藩主の松浦鎮信へ贈物にされた記録である。かすてらやこんぺいとう、ぼうろなどの南蛮菓子は、宣教師たちが教会へ来た人々へ布教のために配ったものだった。平戸や長崎、鹿児島といった西欧諸国との接触があった九州各地では、これらの南蛮菓子を口にする機会も多かったことだろう。

島津家のかすてらの記録では、寛永七年（一六三〇）将軍家光と大御所秀忠が江戸桜田の島津邸へ御成になったとき、お供で来た家老たちへ出されたのが古い。お供の家老といっても高級な五五三の膳で、料理の終りに出された菓子五種の中のひとつだった。このときかすてらが出されたのは、全国的にみても早い記録である。

九州で多かったとはいえ、かすてらはそうたびたび出てくるわけではない。

島津家の記録でみれば、一六〇〇年代では琉球の人々への最大級の接待のときや、菩提寺福昌寺が来たとき、そして一七〇〇年代になっても江戸の将軍家で若君が誕生した祝い、二十二代継豊の婚礼の五ツ目の祝いなど、やはり特別な菓子だった。しかし、一七〇〇年代末、斉宣の頃になると、月に一度くらいみられるようになる。寛政頃から普及しはじめたのだろう。

なぜ、数少ない菓子なのかは、その焼き方にあると思う。厚みのあるものを焼くのであるから、天火のなかった時代には、上から火をあてて焼くのは大変むつかしいことだった。つくり方を記した古文書『料理塩梅集』（一六八八年）が鹿児島にある。斉彬公の旧蔵書と思われるその書には「材料は卵、砂糖、うどん粉と水で、美濃紙にごま油を引いて鍋に敷き、たねを入れて焼く。上下を返す」とある。今のホットケーキみたいなものだったらしい。かすてらという南蛮菓子の製法を記した文書が、島津家の記録の中に残されているのは、南蛮とのかかわりを示すものとしておもしろい。

江戸後期の文政六年（一八二三）、島津家の江戸屋敷の近くにあった臼杵藩稲葉家へ「薩摩製かすてら」が贈られた。このときのかすてらは、ホットケーキ風のものだったのだろうか。

ぼうろ

ぼうろも南蛮から伝えられた菓子のひとつで、ポルトガルではBoloという。甘い菓子の総称である。だから、ポルトガルを旅したとき、Bolo……という名前の菓子はあちこちでみかけた。

ぼうろという菓子の初見は、寛永五年の豊前の中津にいた細川忠興の記録である。これもやはり、九州だった。細川忠興といえば、夫人はキリシタンのガラシャであり、忠興もキリスト教には寛容だったといわれている。早くから南蛮文化を取り入れたのも、忠興ならではと思われる。中津では、今もぼうろが名物菓子のひとつであるのは、細川時代の遺産だろうか。

ところで、島津家のぼうろは延宝八年（一六八〇）、菩提寺福昌寺が来たときの接待に出されたのが最初だった。このときは、かすてらやあるへいとう、花ぼうろといった南蛮菓子が用意された。当時珍しかったこれらの菓子が何種類も出されるのは、それだけ歓待の意をあらわしたものだ。このときだけではない。その後も福昌寺が来たときにはたくさんの南蛮菓子が出されている。

島津家でぼうろが初めて用いられたときより少し前、第六回目の通信使という外交使節が朝鮮からやって来た。明暦元年（一六五五）、将軍家綱の就任を祝うためだった。一行の人数は四八五人、毎回ほぼ五〇〇人近い人が来たのである。国をあげての接待は、全国の大名たちに割り当てられ、この年の費用は現在の金額にすると数百億円に相当するという。

この明暦元年の饗応に、ぼうろが出された。まだ珍しいものだったからこそ用いられた。かすてらも初めて出された。

丸ぼうろもある。斉彬の時代に、弓の稽古を御覧になったときに出されている。庶民で江戸時代に丸ぼうるを食べたという記録がある。それは、享和二年（一八〇二）、尾張の商人菱屋平七（吉田重房とも）が長崎へ旅したとき、海老屋というしっぽく料理屋で出された。

それより以前の『長崎夜話草』（一七二〇年刊）には、長崎土産として南蛮菓子色々という中に「花ぼうる」ほか十数種類の名前があげられている。当時の長崎には珍しい異国の菓子がたくさんあったらしい。花ぼうろは、沖縄の郷土菓子のひとつである。クッキーのような生地をのばして、包丁で切り込みを入れ、鬼瓦のようにさまざまにかたちづくって焼く。

これによく似た菓子がポルトガルにある。その名はライバス。こちらは、絞りだしてかたちづくられているようだ。南蛮船が片道一年半くらいをかけて日本へやって来たその道筋にあたる沖縄には、ポルトガルの名残りがあっても不思議ではない。

あるへいとう

あるへいとうの語源は、ポルトガルのアルフェニン。かすてらなどと同じく、宣教師たちによって伝えられた菓子である。砂糖だけでつくるこの菓子は、砂糖の少なかった江戸時代には、高価な菓子だった。寛永二十年（一六四三）、朝鮮からの通信使にも出された。

島津家のあるへいとうは、寛永七年に江戸屋敷へ将軍が御成になったとき出された。つづいては、延宝二年（一六七四）十九代光久が中将になる願いがかなって、鹿児島の南林寺で立願成就の祝いをしたときだった。なにしろ、高価な菓子だから、めったに用いられることはなかったのだが、延宝末年頃には年に二回くらい出されるようになっている。砂糖が少しずつ出回りはじめたのだろう。

あるへいとうといえば、あまり馴染みがない人も梅ぼし飴があるへいとうだといえばわかるだろう。昔から飴細工にも使われ、茶の湯の菓子には千代結びがよく出る。千代結びは目出度さにちなんで、結婚式に出されることも多かった。結婚式といえば、佐賀県では寿賀台というあるへいとうと金花糖でつくるデコレーション菓子が伝えられている。松や亀、寿老人、紅白の幕などをかたどって飾り、結婚式のあとに壊して一同に福分けされる。

こんぺいとう

こんぺいとうも砂糖菓子のひとつで、鉄砲の伝来とともに、ポルトガルの宣教師たちによって伝えられた。その初見は、中世の永禄十二年（一五六九）、織田信長の時代、宣教師ルイス・フロイスがキリスト教布教の許可をもらうため、京都の二条城の信長に謁見したときである。信長は、六、七千人もの家臣と一緒に待ちうけていたという。フロイスの手土産は、ガラス瓶に入ったこんぺいとうとろうそく数本だった。砂糖がまだなかった時代のことであるから、こんぺいとうの甘味には驚いたはずだし、ろうそくも当時の日本にない珍しいものだった。

つづく記録は、慶長十八年（一六一三）、この年平戸に設置されたばかりのイギリス商館から、平戸藩の松浦鎮真へ病気見舞いとして贈られたものだった。

元禄元年（一六八八）、井原西鶴の書いた『日本永代蔵』に、こんぺいとうづくりの話がある。それは、長崎の町人が角のあるこんぺいとうづくりを研究したけれどなかなかうまくできなかったこと、唐人（中国人）に教えてもらおうとしたが大事な点は教えてもらえなかったこと、胡麻一粒を芯にしてつくること、二年がかりでできあがったこと、はじめは男の人の仕事だったのが女の人もつくるようになったこと、角のあるこんぺいとうをつくりはじめて一躍成金になったこと、当時こんぺいとう一斤は（六〇〇グラム）は米五升もしたこと、この頃上方（京都・大坂）に広まったことなどが書かれている。日本人がこんぺいとうをつくるようになったのは元禄時代のことだったし、それ以前のこんぺいとうは外国から運ばれたものだった。

では、島津家のこんぺいとうの初見はいつだろうか。それは、斉彬の嘉永四年（一八五一）になるまでみられない。初入国後の隆盛院および浄光明寺への参詣の二回だけしかない。やはり、こんぺいとうは珍しい菓子だった。あるへいとうと同じ砂糖菓子なのに、長崎からそう遠くない鹿児島に、なぜ少なかったのだろうか。

かるめいら（かるめら）

かるめいらも砂糖菓子のひとつである。かるめ焼といえば、昔なつかしい人もいるかもしれない。溶岩を思わせる穴だらけの菓子である。ポルトガルにも似たようなものがあった。

かるめいらは、『和漢三才図会』（一七一三年刊）に、「浮石糖、かるめいら、〝加留女以良〟蛮語なり」とある。交趾（現在のベトナム北部）より来たともある。かるめいらは、江戸の桔梗屋という菓子屋の目録中（一六八三年）にあるので、すでに江戸初期に江戸で売られていた。

かるめいらという名前の菓子は、島津家では将軍家から嫁いできた竹姫の婚礼後の三日目の祝いと、琉球への接待に二回、計三回出されただけである。やはり、珍しい菓子だった。三回の中に「泡糖」というものがある。安永二年（一七七三）、中城王子が来鹿のとき、琉球仮屋で唐風の料理が振る舞われた。初段の点心（デザート）には鶏蛋こう、二段の点心にはいり米こう、丁字かん、泡糖の三種が出された。また、中国料理を紹介した『八遷卓燕式記』（一七六一年）には、「浮石糖」と書かれてカルメラと記されている。浮石とは軽石状のもの、すなわち「泡糖」と同じである。

ひりょうす

ひりょうすの語源は、ポルトガル語のフィリョウス。ポルトガルでは、クリスマスには必ずつくって食べるという。小麦粉でつくったタネを油で揚げたものに、甘い砂糖蜜をかけて食べる。

このひりょうすが、江戸時代の島津家の茶会に出てくる。元禄十五年（一七〇二）、二十一代吉貴が磯屋敷（現磯庭園内）に建てた数寄屋びらきの茶会である。江戸時代の茶会にひりょうすが出されたのはこの一回だけで、さすが南蛮ゆかりの地らしい。この記録にはつくり方はないが、精進のしっぽく料理を寺方が記した『普茶料理抄』（一七七二年）には、飛龍子みつかけとある。

現在、日本のひりょうすは豆腐からつくったがんもどきをさすほうが多い。最初は菓子として伝えられたものが、寺院でつくられるうちに豆腐のひりょうすに変身していったらしい。

琉球の菓子

鶏卵糕

鶏卵糕（ちいるんこう）という沖縄銘菓がある。この菓子については、江戸時代の最初のしっぽく料理書『卓子式』（一七八四年）に「鶏蛋糕」とあって、中国風蒸しかすてらと書かれている。「蛋」という字は、中国では卵のことを意味するし、加熱の仕方は蒸すまたは焼いてもよいとあるので、まさに中国風蒸しかすてらである。

これより少し前の『卓子調烹方』中に、明和八年（一七七一）「薩摩候饗宴式」の献立に「雞蛋糕」とあり「ムシカスティラ」と説明がある。この薩摩候は重豪であろう。琉球の使節の接待にも当然ながらよく出された。江戸屋敷の御守殿の客人にも、明和四年に使われている。さらに、三十七代平戸藩主松浦静山の記した『甲子夜話』にも、明和年間と文政年間の二回、薩摩侯のしっぽく料理の記録があり、その両方に鶏蛋こうとある。このように、鶏卵糕が島津家の記録にたくさん出てくるのは、琉球との交流や、異国趣味だった重豪の影響と思われる。鶏卵糕が日本の料理書に出てくるのは、わが国で最初にしっぽく料理を紹介した『卓子式』である。したがって、そのかなり前から、島津家ではたくさんの鶏卵糕が用いられていたことになる。

琉球の鶏卵糕は、今から四五〇年前の王朝時代に、中国からきた冊封使という使節から伝えられた菓子が定着したものである。現在でも、蒸しかすてらの上に紅で色づけした落花生やチッパンというみかんの砂糖漬を飾ったもので、中国の影響がうかがえる。

川砂糖

川砂糖という菓子がある。川砂糖については、同治元年（日本年号文久二年＝一八六二）の宮良殿内の行事献立の記録および光緒十四年（日本年号明治二十一年＝一八八八）の石垣殿内の記録をまとめた金城須美子氏の『宮良殿内・石垣殿内の膳符日記』にたくさん出てくる。したがって、川砂糖は琉球の菓子である。

そのつくり方は、もち米粉、砂糖、芋でんぷん、小麦粉をまぜ、水を加えて型に流し蒸したもので、葛餅の代わりとして用いられていたらしい。

島津家の川砂糖の記録は、『御献立留』の寛文十年（一六七〇）に二回、延宝四年（一六七六）と天和元年（一六八一）に各一回の計四回みられる。そして、このうちの二回は、琉球の人たちが島津家へ料理を献上したときに出されたものだった。自分の国の菓子を使ってもてなしたことになる。

このほかに琉球らしいものといえば、そてつ餅がある。これは、鹿児島侯（重豪）が宮川公を供応したときのしっぽく料理の記録中にある。そてつは、琉球や九州南部では飢饉のときなどに、種子や幹の髄にあるでんぷんを救荒食として利用したと聞いている。

そてつ餅は、材料にそてつが使われたのか、形を似せたのかはわからないが、鹿児島らしい菓子といえるだろう。

参考文献

近世史料

隆光『隆光僧上日記』（一六九三〜）東京大学史料編纂所蔵
塙保己一編『続群書類従』第二十四輯下　続群書類従完成会（一九五九）
著者不詳『御献立留』（江戸初期）尚古集成館所蔵
武藤春臺『臼杵時代考』（一八五八）臼杵市立臼杵図書館蔵
著者不詳『中城王子磯御屋敷江』（一七七八）尚古集成館所蔵
著者不詳『石原氏留七』（江戸末期）東大史料編纂所蔵
著者不詳『年中御規式御三献』（一六六一）尚古集成館所蔵
著者不詳『年中御規式帳控』（一八〇五）尚古集成館所蔵
著者不詳『御留守中御規式』（一八〇六）尚古集成館所蔵
著者不詳『年頭内輪御次第』（一八五九）尚古集成館所蔵
著者不詳『年頭御次第』（一八六九）尚古集成館所蔵
著者不詳『天明九年斉宣公御初入部並御着城其外留』（一七八九）尚古集成館所蔵

著者不詳『嘉永四年斉彬公御家督初而初入部其外留』（一八五一）尚古集成館所蔵
著者不詳『中城王子其外琉人江御料理被下候次第』（一七七八）尚古集成館所蔵
『日帳抜書』（一七六七）尚古集成館所蔵
『島津家文書・日記』一〜十二巻　東京大学史料編纂所所蔵
著者不詳『調味雑集』都立中央図書館加賀文庫所蔵

編・著書（五十音順）

石井良助『薩法集』Ⅷ　創文社（一九七四）
臼杵市史編さん室『臼杵市史（下）』（一九九二）臼杵市
鹿児島県維新史料編纂所編『斉彬公史料』鹿児島県（一九八一）
川越政則『鹿児島県史概説』春苑堂書店（一九五八）
熊倉功夫・原田信男編『日本料理秘伝集成』十一巻「茶湯献立指南」同朋舎（一九八五）
金城須美子『宮良殿内・石垣殿内の膳符日記』九州大学出版会（一九九五）
奥村彪生編『日本料理秘伝集成』第十三巻　同朋舎出版（一九八五）
国書刊行会編『通航一覧』国書刊行会（一九一二）
清水桂一『日本料理法大全』第一出版（一九九二）
鈴木棠三編『日本年中行事辞典』角川書店（一九七九）
高正晴子・江後迪子「古典料理について、島津家の婚礼規式と饗膳」『日本家政学会誌』Vol.50・No.8（一九九九）

高正晴子『朝鮮通信使の饗応』明石書店（二〇〇一）
土田美緒子「継豊公御婚礼之一巻留」『尚古集成館紀要第』2号（一九八八）
土田美緒子「尚古集成館所蔵規式・料理文書の概要について」『尚古集成館紀要』3号（一九八九）
土田美緒子「御数寄御成の記」『尚古集成館紀要』第4号（一九九〇）
日本の食生活全集鹿児島編集委員会編『聞き書鹿児島の食事』農山漁村文化協会（一九八九）
原田伴彦編「宿方御休泊留」日本都市生活史料集成　第八巻　学習研究社（一九七七）
平野雅章編『日本料理秘伝集成』第一巻　同朋舎出版（一九八五）
武士生活研究会編『近世武士生活史入門事典』柏書房（一九九三）
松尾千歳「館蔵『犬追物図』について」『尚古集成館紀要』第2号（一九八八）
松尾千歳「島津家武家故実の成立と展開―犬追物を中心として―」『尚古集成館紀要』3号（一九九〇）
芳即正『島津重豪』吉川弘文館（新装版・一九八八）
芳即正『島津斉彬』吉川弘文館（新装版・一九九三）
江後迪子『隠居大名の江戸暮らし』吉川弘文館（一九九九）
江後迪子「武家の江戸屋敷の生活Ⅱ―鹿児島藩島津家中奥日記から―」『港区立港郷土資料館研究紀要』5（一九九九）
江後迪子「雑煮についての一考察」『風俗史学』第十一号（一九九九）
江後迪子『かるかんの歴史』明石屋（一九九九）

おわりに

鹿児島藩島津家といえば、七七万石を有する九州の雄、時代の節目には必ず何らかの役割を担う大藩だったし、地理的には日本の再南端で、中国や西欧など異国と接触する窓口としても重要な位置をしめていた。また、慶長十四年（一六〇九）、琉球（現沖縄）を支配下においてからは、交流のなかで琉球や中国の風習も伝えられた。現在、鹿児島の郷土料理として知られる「豚こつ」などは、まさに中国料理そのものである。

砂糖もよく使われた。それは、砂糖が移入された窓口のひとつだったことや、慶長十五年（一六一〇）奄美大島などで砂糖がつくられるようになって、砂糖にふれる機会が多くなったことが大きく影響していると思われる。江戸時代、まだ日本に砂糖がなかった時代、はるばる異国から運ばれた砂糖は、長崎へ降ろされた。砂糖会所という取扱所ができ、そこから全国へと分配された。長崎は、日本で一番砂糖が使えたところで、「長崎」という語は砂糖の代名詞でもあったし、長崎料理は全体に砂糖甘いといわれるのもその名残りだろう。

砂糖がたくさん使えるのは、長崎だけではなかった。鹿児島には昭和初期頃まで、砂糖をまぶした御飯すなわち「砂糖めし」という御馳走があった。これは、江戸時代から奄美大島という砂糖生産地を有していたことによるものだろう。当時の砂糖は、もちろん専売制で、厳密に管理され、一般庶民には手の届くものではなかったけれど、他藩に比べるとその味を知る機会は多かったのではなかろうか。このように、本州の最南端に位置する鹿児島では、江戸時代から異なった食文化が育まれていた。

今回、島津家の食生活をまとめるにあたり、長年、文書の閲覧にご協力をいただいた尚古集成館学芸員松尾千歳氏および東京大学史料編纂所の方々、そして多くのご指導・ご助言をいただいた成城大学教授吉原健一郎先生ならびに武蔵野女子大学教授石川寛子先生の深謝するとともに、料理の再現にご尽力いただいた鹿児島市の鶴家様に御礼申し上げたい。

平成十四年七月

江後　迪子

大名《だいみょう》の暮《く》らしと食《しょく》

著者略歴

江後　迪子（えご・みちこ）

山口女子短期大学食物科・実践女子大学家政学科卒、山口県立安下庄高校・同岩国高校教諭をへて実践女子大学大学院家政学研究科修了（家政学修士）。広島文教女子短期大学助教授・別府大学短期大学部教授をへて1995年退職後フリーで活動。

主要著書　『臼杵の殿様暮らしと食』
『隠居大名の江戸暮らし』
『かるかんの歴史』
『日本料理由来事典』（共著）
『和菓子のたのしみ方』（共著）

2002年11月10日発行

著　者　江　後　迪　子
発行者　山　脇　洋　亮
印刷者　㈱　深　高　社
モリモト印刷㈱

発行所　東京都千代田区飯田橋４－４－８
東京中央ビル内
TEL　03-3239-1467　振替00140-0-20618
同　成　社

ISBN4-88621-260-3 C3321